Loredana Chiappini • Nuccia De Filippo

Congiuntiv~~o~~ che passione!

teoria e pratica
per capire e usare
il congiuntivo in italiano

livello
B1-C2

Bonacci editore

Progettazione copertina: Alessandra Bonacci
Realizzazione copertina: Elena Bonacci e Alessandra Bonacci

Progettazione grafica e d.t.p.: Alessandra Bonacci

Fotografie da archivio: Shutterstock (Christian Delbert, StockPhotosLV, Pedro Vilas Boas, A-R-T, Andris Tkacenko, Evgeny Karandaev, Andrey_Kuzmin, LanKS, 3d brained, Africa Studio, Marijus Auruskevicius, marmo81, Igor Bulgarin, racorn, Empiric7, Jakub Krechowicz, photocell, auremar, Vladimir Curcic, Alex Staroseltsev, Tupungato, Ensuper, Shchipkova Elena) - www.shutterstock.com

Le fotografie alle pagine 10, 31, 35, 38, 41, 74, 79, 87, 97, 110 sono di Alessandra Bonacci

Bonacci editore
Via degli Olmetti 38
00060 FORMELLO RM (Italia)
tel: (++39) 06.90.75.091
fax: (++39) 06.90.40.03.26
e-mail: info@bonacci.it
www.bonacci.it

1 (1ª edizione)

Printed in Italy
© Bonacci editore, Formello 2014
ISBN 978-88-7573-444-2

Indice

Sul sito www.bonacci.it troverete inoltre:
- attività ed esercizi supplementari
- le chiavi degli esercizi

A CHE SERVE IL CONGIUNTIVO?

Il congiuntivo è un modo verbale che denota un modo di pensare, un modo di porsi nei confronti del mondo.

I bambini inizialmente non lo usano e quando cominciano ad usarlo ci colpiscono poiché questo significa che il loro impianto cognitivo si è evoluto: riescono a fare ipotesi, riescono ad esprimere opinioni e dubbi.

Naturalmente spesso ripetono le frasi più sentite, con la naturalezza tipica dell'apprendimento infantile, ma non sarebbero in grado di spiegarne l'uso.

Negli adulti, l'uso del congiuntivo rispecchia complessità argomentativa, capacità di astrazione, creatività e raffinatezza espressiva, perciò tra tutti i modi è quello che più si associa all'eleganza linguistica.

MA SI USA ANCORA IL CONGIUNTIVO?

Tutti i parlanti di madrelingua usano il congiuntivo, spesso inconsapevolmente.

Persino nei dialetti se ne fa uso. Si usa quotidianamente nelle richieste cortesi più frequenti ("*Senta, scusi…?*") o nelle osservazioni più elementari ("*Sembra che il tempo stia cambiando*"). Si trova soprattutto nelle frasi subordinate, ma non solo. Sono numerosi gli usi del congiuntivo in frase indipendente ("*Prego, si accomodi!*", "*Magari potessi cambiare vita!*") e alcune di queste espressioni sono diventate formule fisse.

Il congiuntivo si usa nel parlato e ancor più nel registro formale della scrittura. Si apprende, come ogni altro modo, attraverso l'esposizione ai testi, la riflessione e lo studio, l'analisi e la pratica.

Nonostante le frequenti polemiche sullo stato di salute del congiuntivo o sulla sua presunta morte, i numerosi studi sull'argomento rivelano che l'uso del congiuntivo si è diffuso, a partire dalla seconda metà del '900, con il progressivo affermarsi dell'italiano come lingua condivisa da una sempre più vasta comunità di parlanti.

Il corretto, il mancato o l'errato uso del congiuntivo sono parametri di valutazione del livello culturale e di istruzione di un parlante di madrelingua. Non sempre, però, saper usare il congiuntivo corrisponde ad un sicuro bagaglio di conoscenze teoriche sugli innumerevoli e svariati usi di questo modo verbale. Spesso l'uso del congiuntivo è solo frutto di una consolidata prassi e dimestichezza sintattica, tipica del madrelingua.

Laddove non si tratti di consuetudine o automatismo, l'uso del congiuntivo ("*ma ci vuole il congiuntivo o no?*") è uno degli argomenti che costituiscono fonte di dubbio, **non solo per gli studenti stranieri,** che non hanno a disposizione un patrimonio linguistico acquisito in modo naturale, ma anche per colti ed esperti parlanti di madrelingua.

PER CHI È QUESTO LIBRO?

Questo libro è pensato per **tutti** coloro che abbiano il desiderio di conoscere a fondo, di praticare o semplicemente di rivedere, per curiosità, **le regole e gli usi** di questo interessantissimo modo verbale nei suoi quattro tempi. Un libro per la **consultazione**, lo **studio** e la **pratica**:

- per conoscere le regole d'uso
- per chiarire dei dubbi
- per approfondire
- per sistematizzare le proprie conoscenze
- per praticare tutti gli usi o solo alcuni singoli usi, dai più semplici ai più complessi.

Un libro pensato per tutti gli **studenti** e gli **insegnanti** curiosi di conoscere meglio il congiuntivo, per la pratica in **classe** o per l'**auto-apprendimento.**

COM'È STRUTTURATO IL LIBRO?

Il testo offre una **suddivisione chiara** delle **regole** e degli **usi** del congiuntivo che comprende:

- uno sguardo allo "stato attuale" del congiuntivo: cosa se ne dice e cosa se ne scrive.
- **tavole morfologiche** con i verbi regolari e irregolari nei quattro tempi del congiuntivo;
- regole di **concordanza dei tempi** al congiuntivo;
- una **trattazione teorica chiara** ed accessibile di tutti gli usi del congiuntivo, divisa in tre macro-sezioni:
  - il congiuntivo **in frase indipendente**
  - il congiuntivo **in frase dipendente**
  - il congiuntivo **nel periodo ipotetico**
- tante **attività ed esercizi** per la **pratica mirata** e distinta dei **diversi usi** del congiuntivo;
- gli esercizi di **riepilogo**;
- materiali on-line:
  - le **chiavi**, per lavorare o controllare il proprio livello di conoscenza anche individualmente;
  - ulteriori materiali per la pratica e l'approfondimento.

CHE TIPO DI INPUT E DI LINGUA?

Nel testo vengono presentati:

- innumerevoli **testi autentici, brevi** e di **varia tipologia**, che rappresentano esemplificazioni chiare ed attuali dei vari usi del congiuntivo, tratti dalla stampa, dalla letteratura e dalla pubblicità.
- tante **strofe di canzoni**, per ascoltare e ricordare meglio il congiuntivo attraverso la musica.

Anche le attività e gli esercizi per la **pratica** presentano **la lingua in uso nei diversi contesti comunicativi,** sia nel parlato che nello scritto, nei diversi registri: **formale**, **informale** e **colloquiale.**

Le Autrici

Cosa si dice del congiuntivo

Cominciamo con una domanda: esiste in Italia una "questione del congiuntivo"? Certamente sì e l'obiettivo delle pagine che seguono e quello di fornirvene qualche testimonianza.

Il tema, ovviamente, coinvolge prima di tutto gli specialisti: grammatici, linguisti e studiosi della lingua italiana. Ma è anche molto sentito dall'opinione pubblica, dai non specialisti, dai comuni cittadini, da giornalisti, insegnanti, ecc.

Vi basterà andare in Internet, scrivere "congiuntivo", un clic e via: si aprirà per voi un universo in cui rischierete di naufragare, un'inimmaginabile quantità di siti di associazioni e gruppi per la difesa del congiuntivo, di lettere, post di cittadini indignati per il mancato uso di un congiuntivo da parte di politici, ministri ed altre personalità, articoli giornalistici e altro.

Vi chiederete: ma perché tanta passione e tanto attaccamento al tema del congiuntivo? Perché un congiuntivo sbagliato è un errore imperdonabile? La risposta è semplice: questo modo verbale è il fiore all'occhiello della lingua italiana, è un segno inconfondibile di eleganza linguistica; il suo corretto uso è sentito dalla comunità dei parlanti italiani come il confine netto tra il saper parlar bene e il suo contrario. E tutti quelli che occupano posti importanti nella società e che rivestono ruoli di primo piano hanno il dovere di saperlo usare: questo è il comune sentire degli italiani. Intorno al congiuntivo, perciò, ci si schiera, si fa gruppo, se ne parla.

Il posto di primo piano che il congiuntivo occupa nell'attenzione degli italiani è testimoniato dalle numerosissime citazioni che appaiono nei più disparati contesti.

1 Cominciamo con una citazione di Umberto Eco a proposito di Mike Bongiorno, noto conduttore televisivo, pilastro della televisione italiana nazional-popolare dagli anni '50 fino alla sua scomparsa nel 2009. L'assenza di congiuntivi e di legami sintattici nel suo parlato è presentata come caratteristica di un italiano povero e disarticolato.

*"Mike Bongiorno parla un basic italian. Il suo discorso realizza il massimo di semplicità. **Abolisce i congiuntivi**, le proposizioni subordinate, riesce quasi a rendere invisibile la dimensione sintassi."*

2 Entriamo ora in uno dei Licei più prestigiosi di Roma, dove il sindaco è in visita ufficiale. Ecco come uno studente reagisce ad un suo scorretto uso del congiuntivo!

ARTICOLO DI CRONACA

Alemanno e il verbo sbagliato.
Al Giulio Cesare studente lo bacchetta.

Sarà accaduto per stanchezza o per un lapsus grammaticale, fatto sta che il sindaco Gianni Alemanno, in visita al liceo Giulio Cesare per un incontro sulla Shoah, è scivolato su un verbo. Un congiuntivo. Un errore che all'istituto classico di corso Trieste non poteva passare inosservato. A "bacchettarlo" ci ha pensato un diciassettenne che durante l'intervento del primo cittadino ha prima sbuffato, poi si è alzato allargando le braccia ed è uscito dall'aula magna.

Il sindaco ha subito pensato si trattasse di un "dissidente" pronto a lasciare la sala per «divergenze ideologiche» dopo gli accenni alle leggi razziali e «all'ingnominia del razzismo». Così, al termine dell'incontro, Alemanno ha raggiunto il ragazzo per chiedergli ragione del suo gesto plateale. Poi, rivolto verso i cronisti presenti, ha spiegato sorridendo: «Se n'è andato perché durante il mio discorso ho sbagliato un congiuntivo». Il sindaco aveva infatti confuso la corretta versione al congiuntivo «Spero vi serva» con uno sgrammaticato «Spero vi servi». Un siparietto terminato con una risata, mentre Alemanno ha ironizzato: «È uno studente del classico, qui ci tengono a certe cose».

Repubblica, 02/02/2012

3 Il congiuntivo causa di bullismo? Vi sembrerà strano, ma è accaduto anche questo, come potete leggere dall'articolo che segue:

BUONGIORNO

Massimo Gramellini

20/4/2012

Il bambino e il congiuntivo

Ci dobbiamo occupare ancora una volta di una brutta storia. T., bambino di nove anni iscritto alla scuola elementare «Don Orione» di Milano, va matto per i congiuntivi e i compagni di classe lo isolano dal gruppo, riempiendo la lavagna di battutacce contro di lui. Quando ho letto la notizia nel blog di Flavia Amabile sul sito, ho trattenuto a stento la mia indignazione. Un bambino che ama i congiuntivi! Quanto imbarazzo, quanta vergogna. Quale futuro potrà mai avere un bimbo che, cito ancora dal blog, «è affascinato dalle parole, ne chiede il significato e poi le usa a proposito»?

Se per disgrazia il problema dovesse protrarsi fino all'età adulta, gli sarebbero precluse moltissime attività, a cominciare da quella politica. Avrebbe serie difficoltà anche in televisione e nei giornali. Il congiuntivo non è solo una brutta malattia degli occhi, ma un modo sbagliato di affrontare la vita. Se incominci a parlare bene, poi desideri pensare bene. E magari - orrore - agire bene. Funziona così, purtroppo. Per fortuna i compagni del piccolo mostro stanno cercando di riportarlo sulla retta via con un sistema quasi infallibile: la legge del branco, che tutti conforma e appiattisce al livello più basso e rassicurante. Pare però che il diavoletto cocciuto persista nell'errore. [...]

BLOG Mio figlio, vittima dei bulli a scuola perché ama i congiuntivi FLAVIA AMABILE

commenti (217)   scrivi

Massimo Gramellini, *Buongiorno*, www.lastampa.it, 20/04/2012

W IL CONGIUNTIVO!

4 Ma ci sono anche bambini sensibili e insegnanti appassionati ed intelligenti che insieme decidono di lanciare un appello e si schierano per un corretto uso del congiuntivo e una maggiore attenzione alla lingua. L'episodio tocca la sensibilità del linguista Francesco Sabatini, accademico della Crusca, che decide di andare a visitare la scuola elementare dove è cominciata la battaglia linguistica di questi piccoli paladini del congiuntivo.

INTERNET

Un appello dalle elementari per la difesa del congiuntivo

Il presidente dell'Accademia della Crusca: "Parliamone, ma non chiudiamo l'uso sociale del linguaggio in gabbie rigide"

TREVISO - Giornalisti, speaker televisivi, parroci, panettieri: gli adulti non sanno usare il congiuntivo e pronunciano abitualmente frasi che persino alle orecchie di chi la grammatica italiana la sta appena imparando suonano come eclatanti strafalcioni. La denuncia arriva dai bambini di Treviso, dagli alunni di quinta elementare della scuola "Ciardi". In una lettera-appello ai giornalisti e a quanti operano nel sistema delle comunicazioni chiedono che siano rispettate le regole grammaticali e propongono di fondare il "Movimento per la difesa del modo congiuntivo".

Ognuno dei venti paladini della lingua porta il suo esempio di errore grammaticale e se la maggior parte arrivano dalla televisione c'è anche chi fa notare gli strafalcioni delle persone che incontra ogni giorno, dal panettiere al parroco. "In occasione della cresima di mio cugino - racconta Giovanni Pandolfi - ho sentito il parroco pronunciare questa frase: 'Venghino, venghino i padrini'. Quando sono uscito dalla chiesa, non ho potuto trattenermi dal sottolineare l'errore a mio cugino e di fare una risata insieme a lui". Implacabili in difesa della grammatica non si lasciano sfuggire nemmeno un dettaglio. Pregano poi chi la lingua italiana ha il compito di divulgarla correttamente di smettere di sbagliare. "Quando ci accorgiamo di qualche errore, ci viene il mal di orecchi, - affermano decisi - e non perdiamo l'occasione di sottolineare, se possibile, la forma corretta".

"In questi giorni stiamo affrontando il modo congiuntivo - spiega l'insegnante, Maria Cristina Andreola - ed è su questo terreno che abbiamo iniziato a osservare gli errori". "Ma le violazioni delle regole della grammatica - aggiunge - abbracciano un panorama più ampio e non sempre si possono attribuire a refusi". Una volta indotti ad analizzare gli sbagli nel linguaggio comune, gli alunni hanno imparato presto a scovarli negli articoli di giornale, nel parlato dei presentatori televisivi e nel loro stesso reciproco comunicare. Lo scorso anno, tra l'altro, questi stessi alunni avevano "bacchettato" uno storico trevigiano che, in un suo libro, aveva scambiato due personaggi storici, errore che lui stesso aveva poi ammesso.

Il presidente dell'Accademia della Crusca, Francesco Sabatini, non ha lasciato cadere l'appello dei bimbi e li ha invitati tutti nella sede principale, a Firenze, per discutere dell'argomento, anche se ha teso a ridimensionare la portata della loro denuncia. "È positivo - ha detto il presidente - che le scuole riflettano e dibattano su questi temi, ma bisogna conoscere bene anche la storia della lingua e l'uso sociale del linguaggio e non chiudersi in gabbie di norme rigide. Scopriremo così che è una tendenza praticata da secoli quella di alternare il congiuntivo all'indicativo. Dunque, non ne farei un problema".

www.repubblica.it, 20 febbraio 2002

5 E c'è anche chi al contrario considera i troppi congiuntivi come un malanno o un imperdonabile snobismo. L'episodio che narriamo di seguito lo abbiamo vissuto in prima persona.

Ore 8.40, davanti al distributore automatico del caffè.

Un sabato qualunque, a scuola, davanti alla macchinetta del caffè incontriamo un ragazzo che, incuriosito dai nostri dialoghi, ci chiede chi siamo e cosa facciamo. Venuto a sapere che stiamo per iniziare un seminario per insegnanti dal tema: "Usi del congiuntivo in italiano" s'infiamma dicendoci:

"…ah, allora vi voglio raccontare una cosa. L'altra sera ero stato invitato da una mia amica ad uscire con un gruppo di persone che non conoscevo. La serata è andata bene, almeno dal mio punto di vista, ma il giorno dopo la mia amica mi ha detto che il commento su di me era stato questo: "…però se la tira un po' troppo quel tuo amico, con tutti quei congiuntivi!"

Insomma il poverino era passato per un altezzoso, un presuntuoso che voleva farsi notare sfoggiando congiuntivi…
Aveva forse ragione il protagonista del film "Ovosodo" di Paolo Virzì, quando, guardandosi intorno, e cercando una sua collocazione tra i gruppi giovanili del quartiere, commentava così:

"Vivevo in un mondo che non ammetteva sfumature. Un congiuntivo in più, un dubbio esistenziale di troppo ed eri bollato per sempre come finocchio!"

6 E continuando con il cinema non possiamo non far riferimento al *congiuntivo fantozziano*, divulgato in Italia negli anni '70 con la pubblicazione dei libri di Paolo Villaggio che hanno per protagonista il Ragionier Ugo Fantozzi. Una maschera riuscitissima dell'impiegato medio, schiacciato ed annullato dalle gerarchie, perseguitato da sventure che si susseguono con ritmo parossistico. La popolarità del personaggio, accresciuta dalla trasposizione cinematografica dei libri, lascerà un segno indelebile nella cultura italiana. *È un tipo fantozziano*, si dice ancora oggi per indicare una persona maldestra e vittima di un'immeritata sfortuna.

Anche la lingua di **Fantozzi** rappresenta uno spaccato di varietà d'uso dell'italiano con la formalità tipica dell'interazione tra dirigenti e dipendenti in cui l'uso del "Lei" è d'obbligo accanto ad incertezze sintattiche che evidenziano un possesso ancora fragile di quell'italiano che, solo da poco, si è affermato come lingua d'uso a livello di massa.

Il congiuntivo fantozziano perciò non è null'altro che un uso inconsapevolmente scorretto di questo modo verbale che si basa sulla confusione delle terminazioni (a/i).

Infatti i parlanti poco esperti sono portati ad operare una generalizzazione, estendendo le desinenza del congiuntivo presente dei verbi della prima coniugazione anche ai verbi della seconda e della terza coniugazione, come "scrivi" al posto di "scriva!" o "venghi" al posto di "venga!".

Ecco alcuni dialoghi tratti da diversi film della serie Fantozzi impressi nella memoria collettiva degli italiani.

film Fantozzi (1975)

Filini: "Allora, ragioniere, che fa? **Batti**!"
Fantozzi: "Ma mi dà del tu?"
Filini: " No, no, dicevo "**Batti** Lei!"
Fantozzi: "Ah, congiuntivo!"

film Il secondo tragico Fantozzi (1976)

Fantozzi: "Signora io vorrei sdebitarmi. **Bevi**?"
Signorina Silvani: "No, grazie. Piuttosto in cambio **mi facci il piacere, venghi venghi**!"
Fantozzi: "Dove?"

film Fantozzi 2000 - La clonazione (1999)

Dirigente: "Cosa fa, lei non scrive?"
Fantozzi: "Eh, no...mi..."
Dirigente: "Ma non sarà mica venuto qui a scaldare il banco eh? Forza, **scrivi**!"
Fantozzi: "Mi da del tu?"
Dirigente: "Ma quale tu! È congiuntivo,...!"

7 Sarebbe ingiusto tuttavia non menzionare il nobile precursore di Fantozzi, ovvero il grande attore napoletano **Totò**, altra nota maschera del cinema italiano che, in molti dei suoi film, propone usi sgangherati del congiuntivo a simboleggiare la difficoltà dell'italiano medio nei confronti di una lingua che ancora non gli appartiene pienamente e il cui uso sta faticosamente conquistando proprio in quegli anni. Tra le tante battute famose con storpiature di congiuntivi, forse la più nota resterà *"ma mi faccino il piacere!"*.

8 In tempi più recenti saranno i due comici **Lillo & Greg** a farsi portavoce di "un mondo della probabilità e della possibilità" in qualità di conduttori di un'esilarante trasmissione su Rai Radio 2 dal titolo "610 (Sei uno zero)" in cui, tra le altre, curano la rubrica "**Radio condizionale e congiuntivo**".
L'ascoltatore è tempestato da raffiche di azioni viste ossessivamente nella modalità della potenzialità, della possibilità. Sovrabbondano i periodi ipotetici, i condizionali, e i congiuntivi. Ascoltare per credere!

9 Il valore metaforico della parola "congiuntivo" è così forte da conquistarsi spazio persino in titoli di libri che nulla hanno a che fare con la lingua e la grammatica. Di seguito alcuni esempi di titoli al congiuntivo dal mondo della saggistica e della narrativa:
• *Gli uomini di una donna con il congiuntivo*, Maria Antonietta Concetti, 2011, Lalli editore.
• *La realtà al congiuntivo. Storie di malattia narrate dai protagonisti*, di Cristina Malvi, 2011, Franco Angeli editore.
• *Prediligo l'uso del congiuntivo*, Donatella Chersul, 2010, Cleup editore.

Ecco un estratto dalla presentazione del secondo tra i libri indicati, tratto dal sito della casa editrice:

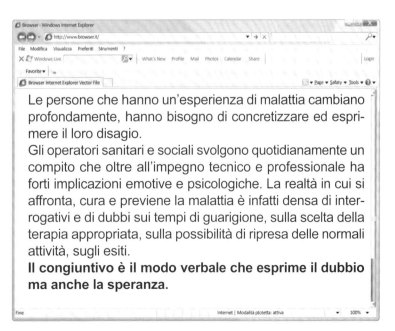

Le persone che hanno un'esperienza di malattia cambiano profondamente, hanno bisogno di concretizzare ed esprimere il loro disagio.
Gli operatori sanitari e sociali svolgono quotidianamente un compito che oltre all'impegno tecnico e professionale ha forti implicazioni emotive e psicologiche. La realtà in cui si affronta, cura e previene la malattia è infatti densa di interrogativi e di dubbi sui tempi di guarigione, sulla scelta della terapia appropriata, sulla possibilità di ripresa delle normali attività, sugli esiti.
Il congiuntivo è il modo verbale che esprime il dubbio ma anche la speranza.

Ed ora un estratto da un'intervista a Donatella Chersul, autrice del terzo testo:

Intervista a Donatella Chersul

Intervistatrice: "Allora, come mai questo titolo "Prediligo l'uso del congiuntivo", no...? molto curioso. Molti non lo usano mai, lo sbagliano il congiuntivo. Volevo sottolineare questo."

Donatella Chersul: "È una frase che uno dei personaggi di questo libro dice ed è una frase che si riferisce al suo piacere di parlare con un linguaggio abbastanza forbito, da un certo punto di vista e anche corretto da un punto di vista grammaticale, ma nello stesso tempo perché il congiuntivo lo considera il verbo del dubbio e non della certezza."

Telechiara Produzioni,

10 Ed infine un significativo richiamo al congiuntivo (che diventa metafora della lingua stessa) nelle parole di saluto di una studentessa giapponese dei nostri corsi di italiano. Come risulta evidente, il testo è presentato nella sua autenticità e non ha subíto correzioni.

Cara Nuccia,
grazie per le Suei lezione
Era molto divertente per me,
ma, anché difficile.
Spero che tutto andrà bene
per il Suo futuro e il mio
congiuntivo.
Arrivederci
Keiko

Morfologia e concordanza

Il congiuntivo ha quattro tempi, due semplici e due composti:

- • PRESENTE
- • IMPERFETTO
- • PASSATO
- • TRAPASSATO

VERBI AUSILIARI

Ecco la coniugazione dei verbi ausiliari essere e avere.

	ESSERE	AVERE
CONGIUNTIVO PRESENTE		
io	sia	abbia
tu	sia	abbia
lui/lei	sia	abbia
noi	siamo	abbiamo
voi	siate	abbiate
loro	siano	abbiano
CONGIUNTIVO PASSATO		
io	sia stato/a	abbia avuto
tu	sia stato/a	abbia avuto
lui/lei	sia stato/a	abbia avuto
noi	siamo stati/e	abbiamo avuto
voi	siate stati/e	abbiate avuto
loro	siano stati/e	abbiano avuto
CONGIUNTIVO IMPERFETTO		
io	fossi	avessi
tu	fossi	avessi
lui/lei	fosse	avesse
noi	fossimo	avessimo
voi	foste	aveste
loro	fossero	avessero
CONGIUNTIVO TRAPASSATO		
io	fossi stato/a	avessi avuto
tu	fossi stato/a	avessi avuto
lui/lei	fosse stato/a	avesse avuto
noi	fossimo stati/e	avessimo avuto
voi	foste stati/e	aveste avuto
loro	fossero stati/e	avessero avuto

VERBI REGOLARI

Ecco la coniugazione dei verbi regolari in -ARE / -ERE / -IRE:

	PARLARE	PRENDERE	PARTIRE
CONGIUNTIVO PRESENTE			
io	parli	prenda	parta
tu	parli	prenda	parta
lui/lei	parli	prenda	parta
noi	parliamo	prendiamo	partiamo
voi	parliate	prendiate	partiate
loro	parlino	prendano	partano

Come si può notare la 1°, 2° e 3° persona singolare sono uguali tra loro.
Da notare, inoltre, che la 1° persona plurale del congiuntivo presente è uguale
a quella dell'indicativo presente.

CONGIUNTIVO PASSATO			
io	abbia parlato	abbia preso	sia partito/a
tu	abbia parlato	abbia preso	sia partito/a
lui/lei	abbia parlato	abbia preso	sia partito/a
noi	abbiamo parlato	abbiamo preso	siamo partiti/e
voi	abbiate parlato	abbiate preso	siate partiti/e
loro	abbiano parlato	abbiano preso	siano partiti/e

Il congiuntivo passato si forma con l'ausiliare *essere* o *avere*
al CONGIUNTIVO PRESENTE + il PARTICIPIO PASSATO del verbo da coniugare.

CONGIUNTIVO IMPERFETTO			
io	parlassi	prendessi	partissi
tu	parlassi	prendessi	partissi
lui/lei	parlasse	prendesse	partisse
noi	parlassimo	prendessimo	partissimo
voi	parlaste	prendeste	partiste
loro	parlassero	prendessero	partissero

CONGIUNTIVO TRAPASSATO			
io	avessi parlato	avessi preso	fossi partito/a
tu	avessi parlato	avessi preso	fossi partito/a
lui/lei	avesse parlato	avesse preso	fosse partito/a
noi	avessimo parlato	avessimo preso	fossimo partiti/e
voi	aveste parlato	aveste preso	foste partiti/e
loro	avessero parlato	avessero preso	fossero partiti/e

Il congiuntivo trapassato si forma con l'ausiliare *essere* o *avere*
al CONGIUNTIVO IMPERFETTO + il PARTICIPIO PASSATO del verbo da coniugare.

PARTICOLARITÀ DEL CONGIUNTIVO PRESENTE

Verbi in -care e -gare

I verbi che terminano in -CARE e -GARE presentano una **"h"** tra la radice e le desinenze del congiuntivo che hanno come vocale caratteristica la "i" per tutti i verbi in -ARE.

	CERCARE	PREGARE
	CONGIUNTIVO PRESENTE	
io	cerchi	preghi
tu	cerchi	preghi
lui/lei	cerchi	preghi
noi	cerchiamo	preghiamo
voi	cerchiate	preghiate
loro	cerchino	preghino

Verbi in -ciare e -giare

I verbi della prima coniugazione che terminano in -CIARE e -GIARE al congiuntivo perdono la "i" tematica e prendono solo la **"i" della desinenza:**

	COMINCIARE	MANGIARE
	CONGIUNTIVO PRESENTE	
io	cominc-i	mang-i
tu	cominc-i	mang-i
lui/lei	cominc-i	mang-i
noi	cominc-iamo	mang-iamo
voi	cominc-iate	mang-iate
loro	cominc-ino	mang-ino

Verbi in -iare con la "i" tonica

Alcuni verbi della prima coniugazione in **-iare** mantengono una "**i**" **del tema** se l'accento tonico cade sulla "**i**" ovvero se si tratta di una "**i**" **tonica** (come al presente indicativo: "invìo", al congiuntivo "invìi").

Sono escluse la prima e seconda persona plurale, dove l'accento cade sulla "a" della desinenza (con "noi" e con "voi" il congiuntivo ha la stessa forma del presente indicativo: "noi inviàmo, voi inviàte").

INVIARE

	CONGIUNTIVO PRESENTE
io	invìi
tu	invìi
lui/lei	invìi
noi	inviàmo
voi	inviàte
loro	invìino

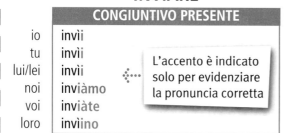

L'accento è indicato solo per evidenziare la pronuncia corretta

ALLO STESSO MODO SI CONIUGANO ALTRI VERBI COME:

CONGIUNTIVO PRESENTE	
avviare → avvii	rinviare → rinvii
espiare → espii	sciare → scii
fuorviare → fuorvii	spiare → spii
obliare → oblii	striare → strii
ovviare → ovvii	sviare → svii
ravviare → ravvii	

Talvolta si consiglia di aggiungere una "**i**" nel tema di alcuni verbi in **-iare** che **non** hanno la vocale "**i**" tonica, per evitare che possano essere confusi con altri.

Pertanto è possibile scrivere (che tu **odi**) o (che tu **odii**) per distinguere il verbo **odiare** al congiuntivo dalla seconda persona singolare del presente indicativo del verbo **udire** (tu odi).

Verbi in -isc-

I verbi della terza coniugazione in "**isc**" (come "capire") mantengono lo stesso schema del presente indicativo anche al congiuntivo presente:

CAPIRE

	INDICATIVO PRESENTE	CONGIUNTIVO PRESENTE
io	cap-isc-o	cap-isc-a
tu	cap-isc-i	cap-isc-a
lui/lei	cap-isc-e	cap-isc-a
noi	cap-iamo	cap-iamo
voi	cap-ite	cap-iate
loro	cap-isc-ono	cap-isc-ano

VERBI IRREGOLARI

I verbi che sono **irregolari all'indicativo presente** generalmente sono **irregolari anche al congiuntivo presente** e mantengono la stessa forma anche nella radice.

andare	→	vado	→	vada	rimanere →	rimango →	rimanga
bere	→	bevo	→	beva	potere →	posso →	possa
venire	→	vengo	→	venga	ecc.		

Verbi irregolari della prima coniugazione

I verbi irregolari della **prima coniugazione** sono i seguenti:

DARE	STARE	FARE	ANDARE

I verbi **dare** e **stare** sono simili nella coniugazione del congiuntivo presente.

DARE · STARE

	CONGIUNTIVO PRESENTE	
io	dia	stia
tu	dia	stia
lui/lei	dia	stia
noi	diamo	stiamo
voi	diate	stiate
loro	diano	stiano

Il verbo "fare" mantiene la forma della **radice della prima persona del presente indicativo** (**"facc-"**) per tutta la coniugazione.

FARE · ANDARE

	CONGIUNTIVO PRESENTE	
io	faccia	vada
tu	faccia	vada
lui/lei	faccia	vada
noi	facciamo	andiamo
voi	facciate	andiate
loro	facciano	vadano

Come il verbo fare si coniugano tutti i suoi composti (es.: contraffare), ma i verbi **disfare** e **soddisfare** ammettono anche le forme: **disfi** e **soddisfi**.

VERBI IRREGOLARI DELLA SECONDA E TERZA CONIUGAZIONE

I verbi modali

	VOLERE	DOVERE	POTERE	SAPERE
	CONGIUNTIVO PRESENTE			
io	voglia	debba	possa	sappia
tu	voglia	debba	possa	sappia
lui/lei	voglia	debba	possa	sappia
noi	vogliamo	dobbiamo	possiamo	sappiamo
voi	vogliate	dobbiate	possiate	sappiate
loro	vogliano	debbano	possano	sappiano

	DIRE	BERE	USCIRE
	CONGIUNTIVO PRESENTE		
io	dica	beva	esca
tu	dica	beva	esca
lui/lei	dica	beva	esca
noi	diciamo	beviamo	usciamo
voi	diciate	beviate	usciate
loro	dicano	bevano	escano

Come il verbo **dire** si coniugano i suoi composti (es.: **disdire, benedire, maledire, predire, contraddire, ridire**).

Come il verbo **uscire** si coniugano i suoi composti (es.: **riuscire**).

Altri verbi irregolari della seconda e terza coniugazione

	TENERE	ALLO STESSO MODO SI CONIUGANO ALTRI VERBI COME:	
	CONGIUNTIVO PRESENTE	CONGIUNTIVO PRESENTE	
io	tenga	dolere → dolga	sciogliere → sciolga
tu	tenga	valere → valga	togliere → tolga
lui/lei	tenga	(e i suoi composti: **avvalersi, prevalere, equivalere**)	salire → salga
noi	teniamo	rimanere → rimanga	(e i suoi composti: **assalire, risalire**)
voi	teniate	spegnere → spenga	venire → venga
loro	tengano	cogliere → colga	(e i suoi composti: **divenire, provenire, svenire, convenire**, ecc.)
		(e i suoi composti: **accogliere, raccogliere**)	

Come il verbo **tenere** si coniugano tutti i suoi composti: **mantenere, contenere, astenersi, detenere, ottenere, sostenere, trattenere, intrattenere**.

Verbi in -cere

PRENDONO UNA DOPPIA -CC-

CONGIUNTIVO PRESENTE
piacere → piaccia (e i suoi composti: dispiacere, compiacere)
tacere → taccia
giacere → giaccia
nuocere → n(u)occia (nociamo / nociate / n(u)occiano)

CON UNA SOLA -C-

CONGIUNTIVO PRESENTE
cuocere → cuocia (cociamo / cociate / cuociano)

Altri verbi irregolari

CONGIUNTIVO PRESENTE
apparire* → appaia / appariamo / appariate / appaiano
cucire → cucia
morire → muoia / moriamo / moriate / muoiano
parere → paia / paiamo / paiate / paiano
sedere → sieda (segga) / sediamo / sediate / siedano (seggano)
udire → oda / udiamo / udiate / odano

* Sullo stesso modello si coniugano: **scomparire, ricomparire, trasparire.**

Verbi in -arre — TRARRE
Verbi in -orre — PORRE
Verbi in -urre — TRADURRE

	TRARRE	PORRE	TRADURRE
	CONGIUNTIVO PRESENTE		
io	tragg-a	pong-a	traduc-a
tu	tragg-a	pong-a	traduc-a
lui/lei	tragg-a	pong-a	traduc-a
noi	tra-iamo	pon-iamo	traduc-iamo
voi	tra-iate	pon-iate	traduc-iate
loro	tragg-ano	pong-ano	traduc-ano

Come il verbo **trarre** si coniugano tutti i suoi composti: **attrarre, contrarre, distrarre, estrarre**).

Come il verbo **porre** si coniugano tutti i suoi composti: **proporre, opporre, supporre, esporre, disporre, posporre, comporre** ecc.

Come il verbo **tradurre** si coniugano tutti i suoi composti: **addurre, condurre, indurre, produrre, sedurre** ecc.
Questi verbi conservano la **c** della radice latina (dal latino *ducere)

VERBI IRREGOLARI AL CONGIUNTIVO IMPERFETTO

Tra i verbi irregolari più frequenti all'imperfetto troviamo:

CONGIUNTIVO IMPERFETTO
dare → dessi
stare → stessi

Da notare il cambiamento della vocale tematica: la "**a**" si trasforma in "**e**".

In genere all'imperfetto congiuntivo ritroviamo le stesse irregolarità dell'imperfetto indicativo:

CONGIUNTIVO IMPERFETTO
fare → facevo → facessi (con tutti i suoi composti: **disfare**, **sopraffare**, ecc.)
bere → bevevo → bevessi
dire → dicevo → dicessi (con tutti i suoi composti: **contraddire**, **ridire**, ecc.)

Verbi in -arre	Verbi in -orre	Verbi in -urre
TRARRE	**P**ORRE	**TRAD**URRE

CONGIUNTIVO IMPERFETTO		
trarre → traevo → **traessi** (con tutti i suoi composti: **attrarre, distrarre, contrarre**, ecc.)	**porre** → ponevo → **ponessi** (con tutti i suoi composti: **comporre, supporre**, ecc.)	**tradurre** → traducevo → **traducessi**

CONCORDANZA DEI TEMPI AL CONGIUNTIVO

Quando parliamo di concordanza, dobbiamo porci il problema del tempo in due accezioni:

• **TEMPO ASSOLUTO**   • **TEMPO RELATIVO**

Il **tempo assoluto** è quello della **frase principale** che indica il tempo in cui si situano i fatti enunciati.

Il **tempo relativo** è quello della **frase dipendente**. Esso esprime la relazione temporale tra l'azione espressa dalla dipendente rispetto a quella espressa dalla frase principale.

I rapporti di tempo possibili sono tre:

- **POSTERIORITÀ**   (dopo)
- **CONTEMPORANEITÀ**   (nello stesso tempo)
- **ANTERIORITÀ**   (prima)

Ecco uno schema sintetico degli usi del congiuntivo in frasi dipendenti da una frase principale al presente o al passato.

La frase principale è al presente

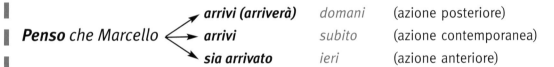

arrivi (arriverà)	domani	(azione posteriore)
Penso *che Marcello* → *arrivi*	subito	(azione contemporanea)
sia arrivato	ieri	(azione anteriore)

In dipendenza da una frase principale al presente, possiamo usare anche il congiuntivo imperfetto per esprimere l'anteriorità ma solo in alcuni casi particolari:

Penso *che l' anno scorso Marcello* **arrivasse** *ogni giorno in ritardo al lavoro.*
(L'azione anteriore è ripetuta per abitudine.)

Penso *che Marcello non* **avesse** *voglia di stare da solo e che non* **sia uscito** *con noi per questo motivo.*
(L'azione espressa dall'imperfetto congiuntivo indica una condizione e non un fatto. Al contrario, quella espressa al congiuntivo passato indica un fatto preciso.)

La frase principale è al passato

Pensavo *che Marcello*	*arrivasse (sarebbe arrivato)*	il giorno dopo
(ho pensato, pensai, →	*arrivasse*	quel giorno
avevo pensato)	*fosse arrivato*	il giorno prima

Il **congiuntivo presente** esprime la contemporaneità o la posteriorità rispetto ad un tempo presente nella frase principale. Per esprimere la posteriorità si può usare anche l'indicativo futuro.

Il **congiuntivo passato** esprime l'anteriorità rispetto ad una frase principale al presente.

Il **congiuntivo imperfetto** esprime la contemporaneità o la posteriorità rispetto ad un tempo passato nella frase principale.

Anche il **condizionale composto** si usa per esprimere la posteriorità (futuro nel passato) in dipendenza da verbi che reggono il congiuntivo, ma anche da verbi che non lo richiedono.

Esempi
- Marco **aveva detto** che Luigi **sarebbe uscito** con noi quella sera.

- Marco **pensava** che Luigi **sarebbe uscito** con noi questa sera.

Il **congiuntivo trapassato** esprime l'anteriorità rispetto ad un verbo al passato nella frase principale.

La frase principale è al condizionale
(con verbi che esprimono volontà, desiderio, preferenza, opportunità)

In questo caso il verbo della frase dipendente è sempre al **congiuntivo imperfetto** o **trapassato**.

*"**Vorrei** che mio figlio **studiasse** di più."*

*"**Vorrei** che tutto questo **fosse** già **finito**!"*

*"**Mi sarebbe piaciuto** che lui mi **invitasse**."*

*"**Sarebbe stato** meglio che non tu non **avessi mangiato** quel dolce prima di cena."*

DAGLI ANAGRAMMI AI MODI DI DIRE

Risolvi gli anagrammi.
Ogni anagramma corrisponde ad un verbo alla 1° persona del **congiuntivo presente**.

							→			S			

I V T I S I → ▢ ▢ **S** ▢ ▢ ▢

A A R P → ▢ ▢ ▢ ▢

A I D → ▢ ▢ ▢

T A O S C L I → ▢ ▢ ▢ ▢ **L** ▢ ▢

I N C A T → ▢ ▢ ▢ ▢ ▢

E T G T O N A → ▢ **T** ▢ ▢ ▢ **G** ▢

I N G A M → ▢ ▢ ▢ ▢ ▢

S A C E → ▢ ▢ ▢ ▢

A A D V → ▢ ▢ ▢ ▢

G U N G A A I G → ▢ **G** ▢ ▢ ▢ **N** ▢ ▢

A I C D → ▢ ▢ ▢ ▢

I T P A S T E → ▢ ▢ **P** ▢ ▢ ▢ ▢

S U C I S → ▢ ▢ **U** ▢ ▢

I M M N I A I G → ▢ **M** ▢ ▢ ▢ ▢ **N** ▢

I B A I T → ▢ ▢ ▢ ▢ ▢

E T S N A → ▢ ▢ ▢ ▢ ▢

I N A S C I R S E → ▢ **N** ▢ ▢ ▢ ▢ ▢ ▢ **C** ▢

R I A R V I → ▢ ▢ **R** ▢ ▢ ▢

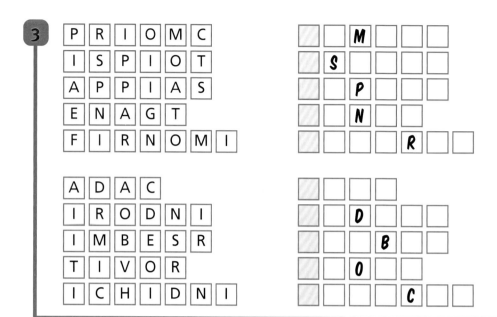

Se hai risolto correttamente gli anagrammi, otterrai con le iniziali di ciascun gruppo di verbi nuove parole che compongono un modo di dire che contiene verbi al congiuntivo:
(Per il numero 1: 3 PAROLE / Per il numero 2: 2 PAROLE / Per il numero 3: 2 PAROLE

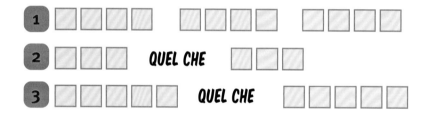

In ogni gruppo di verbi ce n'è uno che non appartiene alla stessa categoria degli altri. Trovalo e spiega perché.

1	SENTA	APRA	LEGGA	BEVA	SCRIVA
2	VENGA	SAPPIA	FACCIA	POSSA	VEDA
3	PRENDI	CANTI	CERCHI	CAMMINI	PARLI
4	APRA	METTA	ESCA	PARTA	DORMA
5	FINISCA	PREFERISCA	SCOPRA	PULISCA	CAPISCA

REBUS (2 6 2 5 4)

UN  I° PERSONA CONGIUNTIVO PRESENTE VERBO "DIRE" R

Soluzione: __ __   _____   __ __   _____   _____

CACCIA AL CONGIUNTIVO!

Queste parole contengono forme del congiuntivo presente. Prova a cercarle ed evidenziale!

MELODIA

AFASIA

GABBIANO

RADICALE

SPOSSATO

FORMIDABILE

COMPASSI

DILEGGIATE

AFFACCIATO

CONSUMISMO

COMPENSI

SVOGLIATO

CAPRA

GIRINI

VOLITIVO

DISCONTINUITÀ

CANTILENA

ASPERITÀ

SCRIVANIA

GABBIA

LIMETTA

GUARDIANO

PORTIERE

ASSENTARSI

MERIDIANO

VESTALE

ARRABBIATE

APPARTATO

Il congiuntivo in frase indipendente

Quando il congiuntivo è un cavallo

Cominciamo a parlare degli usi del congiuntivo, il modo più elegante – e certo più discusso – della grammatica italiana. Siamo abituati a pensarlo come il modo verbale della frase secondaria e perciò tipico della subordinazione, presente in una frase sottomessa ad un'altra per minore importanza sintattica o per meglio dire una frase dipendente. L'idea ci è suggerita dal suo stesso nome "congiuntivo" o "soggiuntivo", come si diceva in passato in italiano e come ancora si dice in altre lingue europee (*subjonctif* in francese, *subjunctive* in inglese, *subjuntivo* in spagnolo). Entrambe le definizioni esprimono un'idea di collegamento e derivano dal latino, sono formate dalle parole *cum* o *sub* + il verbo *jungere* che significa collegare, unire. Ne risulta *legare, unire con* o *legare, unire sotto*. Ma chiediamoci: "è sempre così?"

La risposta possiamo trovarla leggendo questa poesia di Alda Merini: ···▸

Vedessi com'è grande il pensiero del mare
Dove il mio dolce amore oggi è andato a pescare
Vedessi com'è grande la vela del pensiero
Eppure sono sola come un vecchio mistero
Vedessi che coralli ci sono in fondo al mare
E lui non mi ha pescato perché doveva andare
Vedessi come piango un pianto universale
Un amore così bello non doveva far male.

Alda Merini, da *"Clinica dell'abbandono"*

Mi nasconda la notte e il dolce vento
Da casa mia cacciato e a te venuto
Mio romantico amico fiume lento.

◂··· o questa strofa da una poesia di Sandro Penna

o ancora questa beve poesia sempre da una raccolta di Sandro Penna ···▸

Venga il tempo di comprare
di comprare una bellezza.
Senza cuore e senza altezza
di pensieri. Ormai così.

Quant'è bella giovinezza
che si fugge tuttavia!
Chi vuol esser lieto, sia:
di doman non c'è certezza.

Lorenzo dei Medici,
Il trionfo di Bacco e Arianna

◂··· o questi intramontabili versi di Lorenzo il Magnifico

Come possiamo notare, nei testi poetici presentati sopra, ricorrono forme del **congiuntivo in frasi indipendenti**.

Dunque il congiuntivo a volte se ne sta libero ed autonomo, non dipende da niente e nessuno, occupa da solo una frase principale, con la forza motrice e l'energia di un cavallo che non trascina alcun carretto.

Ammettiamolo: l'efficace **metafora del cavallo e del carretto** la dobbiamo ad uno studioso francese, Erik Orsenna, autore di alcuni fortunati libretti in stile favolistico su temi grammaticali. Vi proponiamo perciò questo breve estratto da uno dei suoi libri più noti, dall'accattivante titolo:

"I cavalieri del congiuntivo"

…"Scusi, signora ma ho bisogno di saperlo al più presto: da dove viene la parola 'congiuntivo?'"
"Giovannina cara, ogni lingua ha molte madri, deriva da molte altre lingue. Ma c'è sempre una madre principale. Quella dell'italiano è il latino. *Jungere* vuol dire 'unire'. *Cum* vuol dire 'con'. E *conjungere* vuol dire 'attaccare'…"
"Attaccare, come attaccare un cavallo a un carretto?"
"Esattamente."
"Quando dici 'voglio che venga il mio amico', 'voglio' è il cavallo, l'energia, la volontà, la forza che tira".
"Ma cosa tira?"
"Il carretto. Tira il suo sogno, l'augurio che l'amico venga".
"Perché? Occorre forza per sognare?"
"Naturalmente, Giovannina cara, forza, molta forza, soprattutto se vuoi che il sogno duri."…

Ora però, in questa prima sezione, noi ci occupiamo di **congiuntivi** che hanno l'autonomia e l'energia di un cavallo che si muove in piena autonomia, ovvero che si trovano **in frasi indipendenti o principali**.

Forse vi chiederete: "Che ci sta a fare il congiuntivo tutto solo in una frase indipendente?" La domanda è del tutto legittima e la risposta non è difficile da trovare, basta cercarla nella nostra vita di tutti i giorni ed in alcune delle cose che diciamo e facciamo con la lingua.

Vi sarà capitato spesso, infatti, di voler esprimere **un dubbio** o un **desiderio** o un **comando gentile**, piuttosto attenuato, meglio ancora un'**esortazione**.

Vi sarà capitato anche di voler **concedere a qualcuno il permesso** di entrare, accomodarsi in poltrona o altre gentilezze del genere. Se poi non siete in vena di gentilezze, anzi siete piuttosto arrabbiati, avrete voglia di **imprecare**, **imporre divieti**, **maledire**, e altro ancora.

Ecco, se tutte queste cose volete farle in italiano, potete farle anche **con il congiuntivo**:

*Mi **passi** il direttore, per favore!*

*Come mai non arriva? Che **si sia dimenticato**?*

*Magari **ci fosse** il sole domani!*

***Vedessi** com'è dimagrito!*

***Venga** avanti!*

*Non **si affretti, faccia** pure con calma!*

*Su, signora, non **faccia** così!*

Ed ora, dopo le iniziali citazioni poetiche, vogliamo proporvi un brano tratto da una raccolta di Italo Calvino: "Marcovaldo ovvero Le stagioni in città".

Marcovaldo, poetico e maldestro personaggio di Italo Calvino, vaga per la città a lui estranea e nemica, mostro di cemento e metallo che lo imprigiona. Mentre va al lavoro, Marcovaldo nella sua fantasia sogna una realtà che non esiste, molto diversa da quella triste della sua vita quotidiana di semplice manovale con pochi soldi e molti figli. "Oh potessi…", pensa Marcovaldo per ben tre volte. La forza di quei congiuntivi gli permette di sostituire alla grigia realtà i suoi desideri, i suoi sogni, le sue utopie. Anzi, saranno proprio i suoi **pensieri al congiuntivo** ad aiutarlo a sopportare la sua difficile vita.

Estate

2

La villeggiatura in panchina

Andando ogni mattino al suo lavoro, Marcovaldo passava sotto il verde d'una piazza alberata, un quadrato di giardino pubblico ritagliato in mezzo a quattro vie. Alzava l'occhio tra le fronde degli ippocastani, dov'erano più folte e solo lasciavano dardeggiare gialli raggi nell'ombra trasparente di linfa, ed ascoltava il chiasso dei passeri stonati ed invisibili sui rami. A lui parevano usignoli; e si diceva: "Oh, potessi destarmi una volta al cinguettare degli uccelli e non al suono della sveglia e allo strillo del neonato Paolino e all'inveire di mia moglie Domitilla!" oppure: "Oh, potessi dormire qui, solo in mezzo a questo fresco verde e non nella mia stanza bassa e calda; qui nel silenzio, non nel russare e parlare nel sonno di tutta la famiglia e correre di tram giù nella strada; qui nel buio naturale della notte, non in quello artificiale delle persiane chiuse, zebrato dal riverbero dei fanali; oh, potessi vedere foglie e cielo aprendo gli occhi!" Con questi pensieri tutti i giorni Marcovaldo incominciava le sue otto ore giornaliere – più gli straordinari – di manovale non qualificato.

Italo Calvino, *Marcovaldo*, Einaudi. Illustrazione di Sto

Sogni, desideri, esclamazioni, esortazioni, invocazioni...

Una cosa è certa: al congiuntivo le certezze piacciono decisamente poco. Non è del tutto vero, però, che se ne tenga sempre alla larga... ma di questo parleremo più tardi.
È giunto, però, il momento di mettere ordine in tutto questo e proporvi una sintesi.

Usi del congiuntivo in frase indipendente

In una frase indipendente il congiuntivo può esprimere:

UN DUBBIO

In questo caso si definisce **congiuntivo dubitativo**. Si usa per esprimere una congettura, un'ipotesi in forma di domanda, rivolta ad altri o anche a se stessi. Chi parla sta cercando di spiegarsi un evento, investigando sulle possibilità con un atteggiamento dubitativo. L'uso del congiuntivo si spiega pienamente con l'idea di incertezza, di non sicurezza espressa dalla domanda.

Esempi

A: "Ma quando passa quest'autobus? Stiamo aspettando da venti minuti!"
B: **"Che ci sia** uno sciopero?"

A: "Come mai Guido ancora non arriva? Di solito è sempre così puntuale!"
B: **"Che lo abbiano trattenuto** in ufficio?"

Negli esempi precedenti le frasi:

"Che ci sia uno sciopero?"

"Che lo abbiano trattenuto in ufficio?

potrebbero essere espresse in altri modi con frasi indipendenti senza il congiuntivo:

"Forse c'è uno sciopero."
"Forse lo hanno trattenuto in ufficio."
"Ci sarà uno sciopero?"
"Lo avranno trattenuto in ufficio?"

UN'ESORTAZIONE

In questo caso si definisce **congiuntivo esortativo**. Serve ad esprimere un comando, una richiesta cortese, un invito, una preghiera, un incitamento, a dare il permesso di fare qualcosa (di solito accompagnato da *pure*) o ad esprimere un divieto.

1 Il congiuntivo esortativo viene usato al posto dell'imperativo, alla terza persona singolare e plurale (forma di cortesia) e alla prima persona plurale.

Esempi
"Venga con me, signora!" (forma di cortesia singolare)
"Prego, signori, **si accomodino** a questo tavolo!" (forma di cortesia plurale)
"Venga avanti il prossimo candidato all'esame!"
"Gli studenti delle quinte classi **si accomodino** in Aula Magna!"
"Non perdiamo tempo, **andiamo,** è tardi!"
A: "Permesso?"
B: "Prego, **entri pure**, signora!"

2 Il congiuntivo esortativo può assumere in taluni casi sfumature di carattere **concessivo**, ovvero si concede all'interlocutore una possibilità che nasce da **un'approvazione forzata**.

Esempi

Al ristorante

A: E da bere vino bianco o rosso?
B: Non saprei, io di solito preferisco il rosso. Lei cosa mi consiglia?
A: Beh, con il pesce andrebbe meglio il bianco!
B: E allora **vada per** il bianco.

Fra amici

A: Quel Michele non cambierà mai!
B: Che ha combinato stavolta?
A: Mi ha riportato la macchina con il serbatoio vuoto.
Passi che me l'ha chiesta per un giorno e se l'è tenuta una settimana, ma riportarmela senza un goccio di benzina mi sembra troppo!
B: Dai, non te la prendere! Non lo fa per cattiveria, lui è fatto così.

E talvolta può aggiungere una sfumatura di **disapprovazione, distacco, ironia**.

Esempio

Problemi di coppia

A: E Marina l'hai vista recentemente?
B: No, sai, da quando ci siamo separati non ci sentiamo quasi più.
A: Io l'ho incontrata l'altra sera e mi ha detto che vorrebbe riprendersi i suoi quadri.
B: **Che se li riprenda** i suoi capolavori...! Io ne faccio volentieri a meno.

UN'ESCLAMAZIONE

In questo caso si definisce **congiuntivo esclamativo** e serve ad esprimere un'esclamazione. La persona che parla o scrive vuole dare particolare enfasi a ciò che dice per portarlo all'attenzione di chi ascolta o legge.

Esempi

Primo caso

"**Che** una maglietta così banale **costi** così tanto!" **(riferimento al presente)**

"**Che** una squadra così forte **abbia perso** contro avversari così deboli!"
(riferimento al passato)

In questo uso si può sottintendere una frase principale non espressa di questo tipo: "è incredibile..., è inspiegabile..., è sorprendente..., è inaccettabile... che una maglietta così banale costi così tanto!".
Da notare che in questo caso il congiuntivo è sempre introdotto da "che".

Secondo caso

"**Sapessi** come sono aumentati i prezzi in Italia negli ultimi mesi!"
(riferimento al presente)

Avessi visto com'era elegante Lucia ieri sera alla festa!"
(riferimento al passato)

Si usa il **congiuntivo imperfetto** e **trapassato** con valore esclamativo di verbi come "*sapere, vedere, sentire*" che richiamano la percezione di chi ascolta o legge rispetto al fatto enunciato.

UN DESIDERIO, UN AUGURIO

In questo caso si definisce **congiuntivo desiderativo** o **ottativo** ed esprime il desiderio o l'augurio che qualcosa accada o non accada.

Esempi

"Magari **potessi** partire in vacanza con te!"

"Almeno mi **dicesse** la verità!"

"Se solo **potessi** rimanere a casa domani invece di andare a lavorare!"

"**Potessi** vivere in campagna! Non ne posso più del caos di questa città!"

In questi esempi l'uso del **congiuntivo imperfetto** esprime un desiderio riguardante il presente o il futuro, potenzialmente realizzabile o anche non realizzabile.
Queste forme del congiuntivo imperfetto sono spesso introdotte dalle parole *magari*, *se*, *almeno*.

"Non **fossi** mai **partito**!"

"Non glielo **avessi** mai **detto**!"

"**Avessi studiato** più lingue!"

In questi esempi l'uso del **congiuntivo trapassato** esprime un desiderio nel passato che ormai non è più realizzabile. In un certo senso esprime un rimpianto per qualcosa che è stato fatto o non fatto in passato e che ormai è immodificabile.

Ho un dubbio

CI VORRÀ IL CONGIUNTIVO?

FORSE CI VUOLE IL CONGIUNTIVO.

CHE CI VOGLIA IL CONGIUNTIVO

Si può esprimere un dubbio, una supposizione, una probabilità usando sia il modo **indicativo** sia il modo **congiuntivo**. Con il congiuntivo il verbo è sempre preceduto da "che".

Es.: Franco è in ritardo. **Forse ha trovato** traffico.
Franco è in ritardo. **Che abbia trovato** traffico?

Generalmente, l'uso del congiuntivo segnala un registro linguistico più alto.

Vi ricordiamo che in italiano anche il **futuro** può essere usato per esprimere un dubbio, un'ipotesi, una supposizione.

Es.: Franco è in ritardo. **Avrà trovato** traffico?

1 Trasforma i dialoghi coniugando i verbi evidenziati al futuro (semplice o anteriore) e al congiuntivo (presente o passato):

Es.: Chi bussa a quest'ora?
Forse è Gianni. Potrebbe aver dimenticato le chiavi.
Sarà Gianni? Potrebbe aver dimenticato le chiavi
Che sia Gianni? Potrebbe aver dimenticato le chiavi

1. - Accidenti, la macchina non parte!
   Ma che diavolo è successo?
   - Forse **si è scaricata** la batteria.

   _____

   _____

2. - Non ritrovo quella bottiglia di buon vino che avevo messo qui. Ne sai qualcosa?
   - No, non ne so niente. Forse l'**hanno bevuta** i ragazzi con gli amici.

   _____

   _____

3. - Signora, mi scusi, è tanto che non passa l'autobus?
   - Beh, io aspetto da circa mezz'ora.
   Forse **c'è** uno sciopero.

   _____

   _____

4. - Ma cosa stai cercando?
   - La mia agenda. Ho rovistato dappertutto, ma non l'ho trovata. Forse l'**ho lasciata** in ufficio.

   _____

   _____

5. - Dov'è il giornale? Lo stavi leggendo tu stamattina, dove l'hai messo?
   - Non mi ricordo. Guarda in salone.
   - Forse l'**ho poggiato** sul tavolino.

   _____

   _____

6. - Di chi sono questi occhiali?
   - Quali occhiali?
   - Questi. Sono occhiali da lettura. Erano lì, sul tavolino all'ingresso.
   - Forse li **ha dimenticati** qualcuno dei nostri ospiti ieri sera.

   _____

   _____

7. - Come stai?
   - Non troppo bene, mi sento debole e tutta indolenzita.
   - Forse ti **sta per venire** un'influenza.

   _____

   _____

8. - Ma chi ha detto a Lucia della festa per il suo compleanno? Doveva essere una sorpresa!
   - Forse gliel'**ha detto** Gabriele. Non riesce mai a tenere un segreto quello lì!

   _____

   _____

Prego, si accomodi

Come abbiamo già detto, quando vogliamo esprimere un ordine, un comando, una preghiera, un'esortazione, un divieto, una richiesta, in un registro colloquiale alla 2° persona singolare (TU) usiamo l'imperativo. Se, invece, ci esprimiamo in un registro formale alla 3° persona singolare di cortesia (LEI), allora dobbiamo usare il congiuntivo.

Trasforma queste richieste usando il "lei" (registro formale). Fa' attenzione alla posizione dei pronomi nella trasformazione.

Es.: Dammi il tuo indirizzo e-mail, per favore!
Mi dia il suo indirizzo e-mail per favore.

1. Accomodati!

2. Entra pure!

3. Va' pure, abbiamo finito!

4. Esci da questa stanza!

5. Siediti qui!

6. Tieni questo, per favore!

7. Fa' attenzione al gradino!

8. Mettilo lì!

9. Dimmi tutto!

10. Sappi che la verità è questa!

11. Fammi capire, sii più chiaro!

12. Rispondi sinceramente!

13. Non fare sciocchezze!

14. Smettila di dire sciocchezze!

15. Scegli tu!

16. Assaggia questo!

17. Senti che buono!

18. Non farmi arrabbiare!

19. Vieni con me!

20. Lascia stare!

21. Non interrompermi, per favore!

22. Lasciami parlare!

23. Non ti preoccupare!

24. Su, non fare così!

25. Smettila di contraddirmi!

26. Non te la prendere!

27. Vattene!

28. Ascoltami, per favore!

29. Lascia perdere!

30. Chiamami sul cellulare!

Congiuntivo, che passione! 39
ESORTAZIONE

Prego, faccia pure...

In italiano si usa il **congiuntivo esortativo** quando si vuole **dare il permesso** o **rivolgere una richiesta cortese** a qualcuno, usando la forma di cortesia. Spesso in questi casi il verbo è seguito da "**pure**" che non aggiunge altri significati, ma rinforza il valore permissivo del verbo o intensifica l'attenuazione della richiesta. Esprime anche una sfumatura di consenso e approvazione di chi parla verso l'azione che vuole o deve compiere l'altro.

Buongiorno, mi scusi, cercavo l'ufficio del Dottor Rinaldi.

Venga pure, signora, l'accompagno io.

1 Inserisci nei dialoghi le espressioni mancanti scelte fra le seguenti:

> entri pure   si rivesta pure   prenda pure   cerchi pure   accosti pure
>
> dica pure   si accomodi pure   tenga pure   dia pure   prenda pure

---

1. **Dal commercialista**

- Mi scusi, ma tra tutte queste carte proprio non riesco a ritrovare la ricevuta di questo pagamento.
- Stia tranquilla, signora non abbiamo fretta. _____ con calma, sono sicuro che la ritroverà.

---

2. **Dal medico**

- Tutto bene, dottoressa?
- Sì signora. Abbiamo finito, _____ Nessun problema: il suo cuore funziona benissimo.

---

3. **In treno**

- È suo questo giornale?
- Sì, lo _____ se vuole. Io l'ho già letto tutto.

---

4. **In taxi**

- _____ qui a sinistra, quello è il portone di casa mia. Quanto le devo?
- Sono 14 Euro e 30.
- Ecco 15 Euro e _____ il resto.
- Grazie.

---

5. **L'ora del tè**

- Davvero deliziosi questi biscotti! Li ha preparati lei?
- Sì, è una vecchia ricetta di famiglia. Ma ne _____ un altro, se le piacciono tanto!

---

6. **Dall'avvocato**

- Dunque, avvocato, dovrei spiegarle tutti gli antefatti per farle capire meglio perché ho preso la decisione di divorziare da mio marito.
- _____, signora, la ascolto molto volentieri.

---

7. **In una sala d'attesa**

- Buonasera, ho un appuntamento alle 17.30 con l'architetto Rossi. Sono in larghissimo anticipo. Posso aspettare qui?
- Certo signora, _____ nella sala in fondo. La chiameremo noi.

---

8. **A cena**

- Accidenti, non riesco proprio ad aprire questa bottiglia!
- _____ a me, signora, ci penso io.

---

9. **In un ufficio pubblico**

- È permesso?
- Prego, _____, signora.

Chi ama, baci

Questo slogan contiene un tipico esempio di **congiuntivo esortativo**, usato in pubblicità con lo scopo di persuadere all'acquisto del prodotto. È presente un gioco di parole che rende il messaggio più accattivante. Infatti "baci", oltre ad essere la terza persona singolare del congiuntivo presente del verbo baciare, è anche un sostantivo maschile plurale (bacio/i) che, in questo caso, indica una nota marca di cioccolatini.

Ecco alcuni proverbi e modi di dire costruiti allo stesso modo. Attenzione, però! Le parole che li compongono sono in disordine. Provate a riordinarle:

a fa, l' la aspetti chi

b è stesso chi mal, del suo causa se pianga

c intendere, orecchie chi per ha intenda

Ora provate ad associare i seguenti significati a ciascuno dei tre proverbi:

a___ 1 Chi è responsabile dei suoi problemi non può prendersela con gli altri ma solo con se stesso.

b___ 2 Quelli che fanno finta di non capire, in realtà, possono capire benissimo.

c___ 3 Se facciamo del male agli altri, dobbiamo aspettarci di subire lo stesso trattamento.

... e chi più ne ha, più ne metta

Oltre ai proverbi ci sono dei **modi di dire** che hanno una struttura simile, come ad esempio *"Chi più ne ha più ne metta"*.
Questa espressione idiomatica si usa in genere per chiudere un elenco ed equivale a "eccetera/ e altro ancora", come in questa frase: ···

> Per la festa di domani ci saranno dolci, pizze, panini, crostini, bevande, cioccolatini **e chi più ne ha più ne metta.**

1 Ed ora associate gli elementi della colonna A con quelli della colonna B in modo coerente:

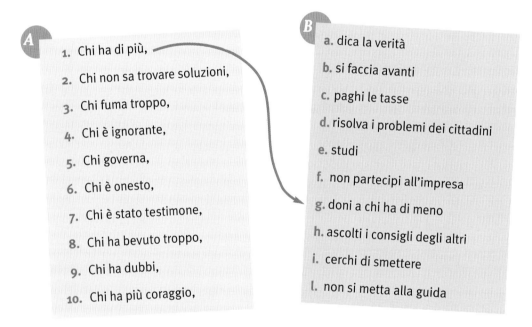

A

1. Chi ha di più,
2. Chi non sa trovare soluzioni,
3. Chi fuma troppo,
4. Chi è ignorante,
5. Chi governa,
6. Chi è onesto,
7. Chi è stato testimone,
8. Chi ha bevuto troppo,
9. Chi ha dubbi,
10. Chi ha più coraggio,

B

a. dica la verità
b. si faccia avanti
c. paghi le tasse
d. risolva i problemi dei cittadini
e. studi
f. non partecipi all'impresa
g. doni a chi ha di meno
h. ascolti i consigli degli altri
i. cerchi di smettere
l. non si metta alla guida

2 Modificando il soggetto delle frasi precedenti e sostituendolo con un sostantivo plurale, possiamo esprimere lo stesso concetto.
Completate le frasi con il verbo appropriato.

··· I ricchi *donino a chi ha di meno*

1. Gli incapaci
2. I fumatori
3. Gli ignoranti
4. I governanti

5. Gli onesti
6. I testimoni
7. Gli ubriachi
8. I dubbiosi
9. I più coraggiosi

ESORTAZIONE

Viva l'Italia!
espressioni e modi di dire con il congiuntivo

Ti presentiamo una lista di espressioni cristallizzate (formule fisse, modi di dire) molto usate in italiano, che contengono verbi al congiuntivo. Esse esprimono in generale la volontà di chi parla o scrive con diverse sfumature di significato. Possono essere infatti:

invocazioni, imprecazioni, auguri, esortazioni:

Che non si sappia in giro!

Abbia pazienza!

E sia!

Che Dio ti benedica!

Ma **mi faccia** il piacere!

Che Dio ce la mandi buona!

Che ti prenda un colpo!

Che Dio lo abbia in gloria!

Che il cielo ti aiuti!

Che Dio ce ne scampi e liberi!

Che la fortuna ti accompagni!

Non sia mai!

Viva l'Italia!

Dio non voglia!

Ma mi faccia il piacere!

Che non si ripeta mai più!

Fossi matto!

Ma vada al diavolo!

Fosse l'ultima cosa che faccio!

Voglia il cielo!

Volesse il cielo!

Si salvi chi può!

Associa alcune delle espressioni della colonna A con i significati che ti sembrano appropriati della colonna B:

A
1. Lo farò ad ogni costo!
2. Aiuto, siamo in grave pericolo!
3. Non lo farei mai!
4. Spero che questo non accada mai.
5. Ma che sta dicendo? Non sono d'accordo con lei.
6. Spero che questo accada.
7. Vorrei che questo accadesse.

B
a. Volesse il cielo!
b. Ma mi faccia il piacere!
c. Voglia il cielo!
d. Fosse l'ultima cosa che faccio!
e. Si salvi chi può!
f. Fossi matto!
g. Non sia mai!

2 Quale espressione ti sembra appropriata a queste situazioni?

1. **Hai scoperto che tuo figlio ha preso dei soldi dal tuo portafogli senza chiedere il permesso.**
   a. Che non si ripeta mai più! ○
   b. Voglia il cielo! ○
   c. Volesse il cielo! ○

2. **Ad una cerimonia ufficiale il Presidente della Repubblica conclude un discorso alla nazione.**
   a. Che la fortuna ti accompagni! ○
   b. Viva l'Italia! ○
   c. Ti venga un accidente! ○

3. **Sei in una situazione di grave pericolo. Stai scappando.**
   a. Fosse l'ultima cosa che faccio! ○
   b. Si salvi chi può! ○
   c. Abbia pazienza! ○

4. **Ti hanno proposto di lasciare il tuo lavoro sicuro e ben pagato per un altro con un contratto sfavorevole.**
   a. Fossi matto! ○
   b. Che non si sappia in giro! ○
   c. Che Dio ti benedica! ○

5. **Stai partendo con un gruppo di amici per un viaggio molto avventuroso che potrebbe presentare dei pericoli.**
   a. Che ti prenda un colpo! ○
   b. Che Dio lo abbia in gloria! ○
   c. Che Dio ce la mandi buona! ○

6. **Un tuo caro amico parte per un luogo lontano per cambiare vita radicalmente e ricostruire tutto daccapo.**
   a. Non sia mai! ○
   b. Che la fortuna ti accompagni! ○
   c. E sia! ○

7. **Hai deciso di portare a termine un progetto difficile ed impegnativo a qualunque costo e contro ogni avversità.**
   a. Abbia pazienza! ○
   b. Fosse l'ultima cosa che faccio! ○
   c. Dio non voglia! ○

8. **Hai confidato un segreto a qualcuno. Vuoi che non lo sappia nessun altro.**
   a. Che il cielo ti aiuti! ○
   b. Ma vada al diavolo! ○
   c. Che non si sappia in giro! ○

mannaggia!

La parola "mannaggia" deriva da "mal ne aggia" (forma meri-dionale per "abbia", congiuntivo del verbo "avere". Corrisponde a "sia maledetto/a". Nell'uso odierno ha un valore di impreca-zione o rimprovero spesso più attenuato. Non corrisponde più al significato originario di maledizione per augurare il male a qualcuno. Usato da solo ha lo stesso valore di "accidenti!". È molto frequente sentire quest'espressione nell'italiano parlato molto colloquiale.

Esempi: - **Mannaggia!** Sta per piovere e io non ho preso l'ombrello!

- **Mannaggia!** Ho lasciato le chiavi nell'altra borsa e ora come faccio a rientrare?

- Carlo, dov'è il limone?
- Oddio, ho dimenticato di comprarlo!
- **Mannaggia a te**, te l'avevo raccomandato di comprarlo. Sei sempre il solito!

E poi senta...

Segnali discorsivi

Spesso il congiuntivo compare anche in espressioni fisse che possiamo chiamare **segnali discorsivi** perché compaiono all'interno di dialoghi e segnalano la presa di turno di parola, o una reazione al messaggio ricevuto che può essere di conferma, sorpresa, dissenso ecc. Servono anche a richiamare l'attenzione dell'interlocutore e a mantenere aperto il canale comunicativo. Hanno una funzione importante di connettori del discorso, soprattutto orale. Ne presentiamo alcune, tra le più ricorrenti.

Resti fra noi,...

Ma la smetta!

Stia bene a sentire...

E poi senta...

Che non si dica che...

Sappia che...

Non mi dica!

Mi lasci dire...

Mi dica...

Senta, scusi...?

Ma, guardi...

Guardi...

1 Completa i dialoghi con le espressioni indicate sopra che ti sembrano adeguate ai contesti comunicativi:

In ufficio
- Dottor Luzi, vorrei parlarle.
- _____, direttore.

- Allora, andrò subito al sodo: negli ultimi tempi non sono affatto soddisfatto del suo lavoro! _____, i suoi ripetuti ritardi sono intollerabili. Perciò _____: se continua così sarò costretto a cercarmi altri collaboratori.
- Capisco, però _____ che anche le nostre condizioni di lavoro non sono delle migliori. _____ non sono l'unico a pensarlo in quest'azienda.

Per strada
- _____, sa dov'è il museo di Arte Contemporanea?
- _____, non sono sicuro, mi pare che sia da quella parte.

Cercando un parcheggio
- Ma dove va, non vede che stavo aspettando di entrare in questo parcheggio prima di lei?
- Ma che dice, io non ho visto nessuno.
- Sta scherzando? Ma guarda che razza di prepotente!
- _____. Si tolga di mezzo!

Dopo cena
- Federico, ti ringrazio, è stata una serata stupenda e la cena era veramente ottima.
- Ah, mi fa piacere, Luisa! _____ gli uomini non sanno cucinare!

Tra amici

- Marcello, hai più visto Luca?
- No, _____, ma dicono che si sia separato dalla moglie e sia partito per l'America.

Tra vicini di casa

- Sa che la signora Guidi, quella del terzo piano, ha messo in vendita la casa come nuda proprietà?
- _____ . Ma perché, ha problemi economici? Eppure se la passava abbastanza bene.
- Mah! _____, anche a me è sembrato strano.

Bruci la città

1 Inserisci nel testo della canzone i seguenti verbi nell'ordine presentato, coniugati al congiuntivo presente:

bruciare • crollare • bruciare
vivere • svanire • svanire • morire
esplodere • esplodere • morire

Irene Grandi
BRUCI LA CITTÀ

_____ la città
e _____ il grattacielo
rimani tu da solo
nudo sul mio letto.

_____ la città
o _____ nel terrore
nel giro di due ore
_____ tutto quanto
_____ tutto il resto.

E tutti quei ragazzi come te
non hanno niente come te
e io non posso che ammirare
non posso non gridare

che ti stringo sul mio cuore
per proteggerti dal male
che vorrei poter cullare
il tuo dolore il tuo dolore.

_____ sotto un tram
più o meno tutto il mondo
_____ le stelle
_____ tutto questo

_____ quello che è altro
da noi due almeno per un poco
almeno per errore.

E tutti quei ragazzi come te
non hanno niente come te
ed io vorrei darmi da fare
forse essere migliore

farti scudo col mio cuore
da catastrofi e paure
io non ho niente da fare
questo e quello che so fare

Io non posso che adorare
non posso che leccare
questo tuo profondo amore
questo tuo profondo
non posso che adorare
questo tuo profondo

Irene Grandi - Francesco Bianconi , *Bruci la città*, Warner

Ed ora cerca la canzone in Internet e ascoltala.

Magari...

Magari toccasse a me
prendermi cura dei giorni tuoi
svegliarti con un caffè
e dirti che non invecchi mai...

Renato Zero, *Magari*
(Renato Zero, Tattica Sony)

Inserisci nei dialoghi le seguenti espressioni:

> **Magari lo facessero**
>
> **Magari lo lasciasse!**
>
> **Magari ce la facesse!**
>
> **Magari tornasse**
>
> **Magari avessimo**   **Magari piovesse!**
>
> **Magari potessi,**   **Magari andasse**

Vedrai che Lorenzo tornerà da te: è troppo innamorato. **Magari fosse** vero!

1.

Guarda che nuvoloni. C'è aria di pioggia.

_____
Questo caldo non si sopporta proprio più!

2.

Ma dimmi, c'è aria di crisi tra tua figlia e il suo ragazzo? Stanno forse per lasciarsi?

_____
Non mi è mai stato simpatico e non è proprio il tipo giusto per lei.

3.

Perché non ti fai un bel viaggio? Ti farebbe bene!

_____
il fatto è che non ho una lira.

4.

Sono veramente sorpreso: quest'anno ho degli studenti che leggono molto.

_____
anche i miei! Continuo a consigliargli libri da leggere, ma quelli si limitano a leggere i riassunti in Internet!

5. Vedrai che alla fine tutto si aggiusterà, Luigi capirà che ha sbagliato e ti chiederà scusa.

_____ così! Io, però, non ci credo: lui è troppo orgoglioso.

6. Certo che da quando Angela è partita ci sentiamo molto raramente.

È vero, anch'io la sento poco. _____ a vivere qui!

7. Sta' tranquilla, tuo figlio ci riuscirà a superare quest'esame.

_____ Mi toglierei un peso dal cuore!

8. Mamma, perché non prendiamo anche noi un cagnolino come quello di Michele?

_____ lo spazio per tenerlo! La nostra casa è troppo piccola, purtroppo.

---

2 Inserisci i verbi al **congiuntivo imperfetto** o **trapassato**.

1. Anna, dov'è Marco?
   E che ne so io! Lo sai com'è nostro figlio. Magari ci **(dire)** _____ dove va quando esce!

2. Come ha reagito tua sorella quando le hai detto la verità?
   Non l' **(fare)** _____ mai _____! Era furiosa!

3. Secondo me Luigi ha fatto la scelta peggiore, cambiando lavoro.
   Magari **(parlare)** _____ con te prima di decidere! Forse avrebbe ascoltato i tuoi consigli.

4. Oggi fa un caldo insopportabile in città! Magari **(esserci)** _____ un po' di venticello fresco!

5. Come invidio quelli che mollano tutto e cambiano vita! Magari **(avercelo)** _____ io tutto quel coraggio!

6. Da quando mi ha lasciato non riesco a non pensare ad Isabella. **(Potere)** _____ almeno rivederla una volta sola!

7. Tra Roberto e Gianna le cose vanno molto meglio. Magari **(decidersi)** _____ a tornare a vivere insieme!

Sapessi... vedessi... sentissi...

Sapessi com'è strano
sentirsi innamorati a Milano...
Ornella Vanoni, *Innamorati a Milano*
Memo Remigi - Alberto Testa, Vanilla

Ti proponiamo una canzone italiana che
contiene il congiuntivo esclamativo:

"Innamorati a Milano", cantata da Ornella Vanoni.

Ti consigliamo di ascoltarla. La puoi trovare in Internet.

1 Inserisci nei dialoghi i seguenti enunciati:

sapessi che prezzi! **sapessi quanti anni di gavetta ha dovuto fare!**

sentissi che freddo che fa!

sapessi quanto è cresciuto! **vedessi com'è dimagrita!**

sentissi che bella voce che ha!

vedessi come l'hanno sistemata bene! **sapessi quanto è tirchio!**

vedessi come la guarda! **vedessi che hanno combinato in camera loro!**

---

1. - È da tanto che non vedo tuo figlio, come sta?
   - Beh, ormai ha 13 anni.
   _____

2. - E Luisa l'hai vista di recente? È ancora a dieta?
   - Guarda, sta benone!
   _____

3. - Ma perché ti arrabbi con i bambini? Che hanno fatto?
   - Me lo chiedi pure?
   _____

4. - Naomi è venuta in Italia per studiare canto, vero?
   - Sì, _____

5. - Ma sei proprio sicuro che Giovanni sia interessato a Marina?
   - Altro che!
   _____

6. - Mi hanno detto che questo forno fa ottimi dolci, è vero?
   - Sì, ma _____

7. - Allora, come ti trovi a Berlino?
   - Benissimo, ma _____
   _____

8. - Certo che Mariella si è sistemata proprio bene, ha fatto carriera!
   - Sì, ma _____

9. - Certo che la casa che hanno comprato Franco e Lucia è proprio un buco!
   - Sì, ma io sono andata a trovarli di recente,
   _____

10. - Quel tuo amico sembra uno pieno di soldi.
    - Altro che, se la passa davvero bene! Ma
    _____

Che resti tra noi!

1 Nel testo che segue si alternano nei dialoghi alcuni personaggi: il professor De Nittis, due signore pettegole ed un ragazzo con un cane che abitano nello stesso palazzo.
Ora prova a completare il testo, inserendo opportunamente le espressioni mancanti dei diversi personaggi che trovi nei fumetti sotto:

Le signore pettegole e il ragazzo col cane

non sia mai • che stia zitta
che non si dica • che gli prenda un colpo
sapessi che trambusto • che abbia
potessi rimanerci • che Dio lo aiuti
non si spaventi

si tenga conto
si ricordino
si pensi

Il professore

Ogni mattina il vecchio professor De Nittis esce di casa all'alba con una borsa piena di libri. "_____ ...ma dove andrà oggi con questa pioggia!?" si chiede la signora Olga, la prima del palazzo a svegliarsi, che lo sente scendere le scale mentre nel silenzio del primo mattino parla da solo ad alta voce.
"_____ i sonetti del Petrarca... _____ poi al Foscolo che dovette lasciare la sua amata Zacinto.... _____ anche del fatto che l'esilio fu tema determinante nella stesura della Divina Commedia ".
Poco dopo, per le stesse scale risuonano i tacchi della signorina Giusti, che impreca contro il De Nittis: " _____ a quel rimbambito, ha lasciato di nuovo la porta dell'ascensore aperta, chissà dove dovrà andare a quest'ora, e con questo tempo... _____ io a casa, a dormire!"
Così il povero De Nittis si prende la colpa del ragazzo del quarto piano che è sceso giù a portare il cane Tobia e già rientra, proprio mentre la signora Giusti è quasi arrivata al portone: "Buono, buono..., signora _____, vuole solo giocare."
Tobia abbaia festoso, la signora Giusti non riesce ad evitare una sua zampata fangosa sulla sua gonna attillata: "Accidenti!! Non è proprio giornata oggi!"
Intanto quel trambusto incuriosisce le due anziane casalinghe del secondo piano, che a quest'ora di solito si danno il buongiorno dal balcone mentre l'aroma delle loro tazzine di caffè inonda le cucine dei piani superiori.
"Ma che succede, Augusta, hai sentito?"
"Mi sa che è per il cane del ragazzo del quarto piano, deve aver litigato con la Giusti, ho riconosciuto la voce.."
"_____ , quella, che ogni mattina con quei tacchetti tic-tic-tic

_____ che fa! e pure la notte passeggia, sai, e tiene la Tv a tutto volume, non mi fa dormire... quella...!"

"Augusta, ma hai sentito di De Nittis, Olga dice che la figlia gli vuole mettere una badante?"

"_____ , quella dopo un giorno scappa... e poi lei, detto fra noi, dovrebbe venire più spesso a dare un'occhiata a suo padre, no, tu che dici?"

"Ah, io non mi voglio impicciare, _____ poi che noi abbiamo parlato male di lui... quello è così strano sai?"

"Ma dove andrà ogni mattina, tu che pensi?"

"Mah, _____ una donna?"

Il racconto continua...

E ora inserisci nel testo le seguenti espressioni:

potessi • caschi il mondo
si vergogni • si sieda • dica
si vergogni • entri, entri, lo dia

e invece....

Intanto, in un altro quartiere della città, un barista ha appena acceso la macchina del caffé quando arriva un uomo anziano con un ombrello grondante ed una borsa piena di libri.

"Buongiorno professore, _____ a me l'ombrello... _____ che le faccio il cappuccino.

Vediamo un po' che libri ci ha portato oggi? Chi vogliamo interrogare oggi, eh professore?

"_____ , Marcucci, _____, ancora una volta non ha studiato, è impreparato!"

"Eh già, come sempre.Va beh, professore, ma me lo mette un buon voto per questo cappuccino?"

"Ottimo Marcucci, ottimo... ma ora in classe! _____ a tutti questi studenti che devono andare in classe!"

Il bar a poco a poco si riempie di ragazzi e ragazze, gli studenti del liceo di fronte, dove un tempo il professor De Nittis insegnava letteratura.

"Magari _____ tornare anch' io sui banchi di scuola, professore!" dice il barista, che era un suo allievo, trent'anni prima.

Quando sta per suonare la campanella gli studenti escono di corsa, qualcuno, invece, se la prende comoda.

Il professor de Nittis no, lui alle otto e venti, uscendo dal bar, dice "è ora" e si riavvia, lentamente, verso casa. _____, il giorno dopo sarà di nuovo lì, puntualmente.

Il congiuntivo in frase dipendente

Quando il congiuntivo è un carretto

Ricordate la metafora iniziale con cui abbiamo introdotto l'uso del congiuntivo in frasi indipendenti?

Lo abbiamo paragonato ad un cavallo che galoppa in autonomia: non trascina e non è trascinato.

Ora affrontiamo il caso più frequente, quello in cui **il congiuntivo congiunge**, ovvero fa quello per cui si è meritato il nome che porta, **mette in relazione sintattica una frase principale ed una frase dipendente**: *"Desidero che tu torni da me"*.

Il cavallo in questo caso è **il verbo** "**desidero**" che trascina un desiderio, **il carretto** è il desiderio specifico "**che tu torni da me**", trascinato dalla forza di quel verbo principale e dal significato che esprime.

Ma che succede quando desidero? Succede che non guardo più alla realtà così come è, ma cerco di superarla, di oltrepassarla con la forza delle emozioni, della volontà, dei sogni e dei desideri. Affermo la mia soggettività rispetto al mondo che mi circonda, al brutto e al bello che può accadere. Entro nella dimensione dell'incerto, del possibile, **mi sposto dalla realtà all'irrealtà**. Valico i confini sicuri della certezza e mi spingo nei territori dell'incertezza. Passo dalla realtà dipinta con tratti sicuri dall'indicativo ai contorni sfumati espressi dal congiuntivo.

Il nodo è proprio questo: il congiuntivo segnala questo passaggio, ribadisce il valore del verbo principale e segnala di essere in rapporto di dipendenza con esso.

Ci sono dunque verbi o altri elementi, come vedremo in seguito, **il cui significato ha il potere di trascinare le nostre emozioni** (i nostri desideri, timori, aspettative, speranze) ma anche **il nostro pensiero, il nostro sguardo sulla realtà** (dubbi, convinzioni, opinioni, punti di vista, certezze ed incertezze).

Può capitare, però, che il congiuntivo ci porti **nella realtà fattuale** ed esca dalla dimensione sfumata dell'irrealtà di cui abbiamo parlato finora. Che dire infatti di usi come questi: *"Mi dispiace che tu ti sia offeso!"*, *"Sono contento che tu ti sia ricordato del mio compleanno"*? Come si può facilmente capire, in tutti e due i casi il verbo al congiuntivo esprime realtà indiscutibili. E allora? Qual è la sua funzione? Certamente quella di **segnalare il rapporto di subordinazione** rispetto alla frase principale. E anche di **segnalare che l'informazione che si vuole focalizzare è quella della frase principale** "mi dispiace…", "sono contento…" che trascina l'informazione già nota a chi ascolta (l'offesa, il compleanno).

Il congiuntivo in italiano
si usa con verbi che esprimono:

OPINIONE, PUNTI DI VISTA E CONSIDERAZIONI PERSONALI

- credere
- ritenere
- ecc.
- sostenere
- giudicare

In questo caso la **dimensione soggettiva** prevale su quella oggettiva:

Esempi

1) "Mario è simpatico." (prospettiva oggettiva)
2) "**Penso** che Mario **sia** simpatico." (prospettiva soggettiva, io lo penso)

È d'obbligo già fare alcune considerazioni sugli usi nella lingua parlata. Succede spesso, infatti, che molti italiani, dopo un **verbo di opinione** come pensare, credere ecc., usino l'indicativo e non il congiuntivo. Come considerare questi usi?

Innanzitutto dobbiamo tenere in considerazione i **contesti d'uso e i registri**.

Se ci esprimiamo **in modo informale** in una serata fra amici possiamo considerare accettabile l'uso dell'indicativo (registro informale, colloquiale).

Esempio

- "Che pasta volete, penne o spaghetti?"
- "Mah, con il pesce penso che ci vanno meglio gli spaghetti."

Ma non è finita qui: immaginiamo un parlante molto consapevole, capace di usare perfettamente la lingua e le sue differenti sfumature. Questa persona è impegnata in un dibattito con un interlocutore che ha opinioni differenti dalle sue. In tal caso lui vorrà consapevolmente **marcare il suo punto di vista** personale come qualcosa di certo e indiscutibile.

Si troverà perciò a pronunciare una frase come questa.

Esempio

"Io penso invece che questo governo è incapace di affrontare l'emergenza di questo momento."

In conclusione possiamo così sintetizzare:

- i verbi d'opinione richiedono l'uso del congiuntivo;
- nell'uso parlato colloquiale molto spesso è usato l'indicativo;
- un parlante di ottimo livello può distinguere quale sfumatura di significato esprimere usando l'uno o l'altro modo.

Cosa consigliamo a voi studenti che state imparando l'italiano?

Non possiamo che orientarvi ad apprendere e possedere con discreta sicurezza l'uso dei due modi.

Questa conoscenza vi garantirà libertà nell'uso e nella scelta.

Potrete aspirare a raggiungere il modello del parlante consapevole che quando usa l'indicativo al posto del congiuntivo non lo fa per ignoranza ma per conoscenza!

IPOTESI , SUPPOSIZIONE, IRREALTÀ, FINZIONE

Questi verbi esprimono una proiezione del parlante nei confronti della realtà, nella prospettiva della possibilità che qualcosa si realizzi. Si situano tutti sul piano dell'irrealtà.

- **supporre**
- **immaginare**
- **presumere**
- **ipotizzare**
- **ecc.**

- **mettere** (nel senso di ipotizzare)
- **sospettare**
- **fingere**
- **fare finta**

Esempi

"**Immagino che siate** stanchi, dopo tante ore di volo."

"Senti, usciamo un po' prima. **Metti** che l'autobus **arrivi** in ritardo, poi come facciamo?"

"Non **facciamo finta che** tutto **sia** come prima: la verità è che il nostro rapporto è cambiato."

DUBBIO, INCERTEZZA

Questi verbi esprimono un atteggiamento di non sicurezza rispetto alla realtà di cui si parla.

- **Dubito**
- **Non sono certo**
- **Non sono sicuro**
- **ecc.**

Esempi

"**Dubito** che tu **riesca** a finire tutto questo lavoro entro stasera."

"**Non sono sicuro** che Marcello **abbia** il mio numero di cellulare."

PERCEZIONE

Questi verbi esprimono la percezione, il punto di vista di chi parla in modo soggettivo.

- **Mi sembra**
- **Mi pare**
- **Ho l'impressione**
- **ecc.**

Esempi

"**Mi sembra** che **stia** per piovere."

"**Ho l'impressione** che lui **ce l'abbia** con me."

VOLONTÀ, DESIDERIO, PREFERENZA

Questi verbi esprimono la volontà o il desiderio che qualcosa si realizzi.

- **Volere**
- **Desiderare**
- **Esigere**
- **ecc.**
- **Pretendere**
- **Chiedere / domandare** (per ottenere)
- **Preferire**

Esempi

"**Voglio** che tutto **sia** pronto entro le otto per la cena di questa sera."

"**Chiedo** che mi **venga rimborsato** il biglietto a causa del ritardo subìto."

"Come puoi **pretendere** che il direttore **accetti** le tue richieste? Secondo me sono eccessive."

"Marco, **preferisco** che tu **finisca** di studiare prima di cena, dunque concentrati e cerca di finire!"

SPERANZA, ASPETTATIVA, AUGURIO

Questi verbi esprimono, la speranza, l'augurio che qualcosa si realizzi.

- **Sperare**
- **Aspettarsi**
- **Augurarsi**
- **Augurare**
- **Auspicare**
- **ecc.**

Esempi

"**Spero** che **smetta** di piovere. Il maltempo mi mette tristezza."

"I sindacati **auspicano** che il governo **accetti** di aprire un tavolo di trattative."

"**Mi aspetto** che tu **prenda** un bel voto al prossimo esame:"

TIMORE, PAURA, RISCHIO

Questi verbi esprimono la paura che qualcosa di non desiderato possa accadere.

- **Avere paura**
- **Temere**
- **Rischiare**

Esempi

"**Temo** che questi soldi non **bastino** per comprare un bel regalo a Giulia per il suo compleanno."

"Se non concludiamo le trattative al più presto, **rischiamo** che tutto **vada** a monte."

STATI D'ANIMO

Questi verbi esprimono gli stati d'animo positivi o negativi del parlante.

Da notare che non possiamo dispiacerci o rallegrarci se non di fatti di cui l'interlocutore è al corrente.

È questo il caso in cui il congiuntivo sottolinea **il rapporto sintattico di dipendenza dalla principale** ed evidenzia il valore informativo maggiore del verbo della principale.

Se A dice a B che un fatto **gli dispiace** certamente A sa che B è al corrente di quel fatto o ne condivide la certezza.

In questo caso il focus informativo è sul verbo principale (**dispiacere**) che esprime lo stato d'animo, mentre il congiuntivo nella subordinata pone in secondo piano il fatto in sé (**che cosa** gli dispiace) e marca il rapporto di subordinazione ed il minor valore informativo della frase.

- **Dispiacere/dispiacersi**
- **Rallegrare/ rallegrarsi**
- **Rattristare/rattristarsi**
- **Far piacere**

Esempi

"**Mi dispiace** che tu non **sia** venuto ieri sera, è stata una bellissima festa."

"**Mi fa piacere** che tutto **si sia** finalmente **risolto**."

Congiuntivo retto
da strutture impersonali

Si usa il congiuntivo dopo molte **strutture impersonali**.

Alcune formate dal verbo **essere + aggettivo**:

> **è necessario, è preferibile, è probabile, è ovvio** ecc.

altre che hanno una forma impersonale:

> **bisogna, sembra, pare, si dice, basta, occorre,**
> **vale la pena, accade, capita, succede** ecc.

Rientrano in questa categoria espressioni codificate come:

> **è ora che, è tempo che, è il caso che**

Esempi

"**È probabile** che Gianni e Luisa **arrivino** un po' in ritardo."

"È una pianta grassa, non ha bisogno di molta acqua, **basta** che tu l'**annaffi** una volta al mese."

"**È ora** che tu **ti metta** a studiare seriamente se vuoi superare l'esame."

"**Occorre** che tutti i cittadini **paghino** le tasse."

Congiuntivo retto
da sostantivi e aggettivi

Abbiamo parlato di verbi che reggono il congiuntivo. In realtà il valore semantico, ovvero il significato che essi portano, può essere espresso ugualmente da altre elementi grammaticali: i **sostantivi** e gli **aggettivi**.

Ad esempio i concetti di volontà, desiderio, speranza, opinione, dubbio, eccetera possono essere espressi oltre che da verbi (pensare, ritenere credere, sperare, dubitare, ecc.) da **sostantivi**:

> **il pensiero, l'opinione, la convinzione, la speranza, il dubbio** ecc.

o dagli **aggettivi** equivalenti per significato:

> **desideroso, speranzoso, convinto** ecc.

Esempi

"Concludo il mio discorso augurando a tutti noi un futuro migliore, **nella speranza** che questo paese **possa ritrovare** l'energia e la creatività di un tempo."

"In questo momento difficile ci sostiene **la convinzione** che le cose **possano** migliorare."

"Non ti ho detto che il vaso l'avevo rotto io per **paura** che tu **ti arrabbiassi**."

"Se ne andò **convinto** che sua moglie gli **avesse mentito**."

Congiuntivo retto
da congiunzioni subordinanti

Congiuntivo e congiunzioni nascono dalla stessa matrice etimologica. Quindi le congiunzioni sono la categoria d'uso per eccellenza del congiuntivo.

Si tratta ovviamente di congiunzioni subordinanti che creano un legame di dipendenza logica e sintattica tra una frase principale ed una dipendente.

Con alcune congiunzioni, pertanto, l'uso del congiuntivo è **obbligatorio**.

Possiamo raggruppare le innumerevoli congiunzioni subordinanti a seconda del loro significato.

Avremo perciò congiunzioni che esprimono un valore: **temporale, concessivo, condizionale, finale, modale, limitativo/eccettuativo/esclusivo**.

CONGIUNZIONI CONCESSIVE

> **benché   sebbene   nonostante   malgrado   per quanto   quantunque**

 da ricordare che la congiunzione "anche se", di largo uso, non richiede il congiuntivo ma l'indicativo.

Esempi

"**Nonostante abbia dormito** otto ore di seguito, mi sento stanchissima."

"**Benché** tutti ne **parlino** bene, io in quel ristorante ho mangiato malissimo."

"**Per quanto mi sforzi**, non riesco a ricordare il nome di quel cantante."

"**Malgrado** tutti le **sconsigliassero** di affrontare quel viaggio, lei decise di partire ugualmente."

"**Sebbene abbia studiato** tutto il pomeriggio, non mi sento ancora pronta per l'interrogazione."

CONGIUNZIONI TEMPORALI

prima che

Tra le tante congiunzioni temporali la più frequente che richiede l'uso del congiuntivo obbligatorio è **"prima che"**. Molte altre congiunzioni possono essere seguite da indicativo o congiuntivo a seconda che l'evento sia visto come certo oppure come possibile, eventuale, potenziale.

Esempio

"**Prima che si metta** a piovere devo ritirare i panni stesi."

È interessante notare che **"prima che"** regge il congiuntivo, mentre **"dopo che"** è seguito dall'indicativo.

"Prima che" apre una prospettiva sul futuro e introduce **un'azione non ancora reale**, questo spiega pienamente l'uso del modo congiuntivo che esprime la **possibilità**.

Al contrario "dopo che" si riferisce alla sfera del passato o del futuro ma sempre ad un'azione certa, già avvenuta o che avverrà, che viene espressa all'indicativo in quanto reale.

Esempi

"Dopo che ebbe finito di scrivere la lettera, la rilesse e decise di non inviarla."
"Potrai uscire solo dopo che avrai finito di studiare."

Da notare ancora che la congiunzione temporale **"dopo che" può essere seguita dal congiuntivo** quando si vuole aggiungere una **sfumatura potenziale/ipotetica**. Quest'uso è più facilmente riscontrabile in una lingua di registro piuttosto alto.

Esempio

"Si può accusare qualcuno solo **dopo che ci si sia accertati** a fondo delle sue responsabilità."

Esistono altre congiunzioni temporali come **quando**, **allorché**, **finché** che generalmente sono seguite dall'indicativo, ma possono richiedere il congiuntivo solo in alcuni casi.

Prospettiva reale (indicativo)	**Prospettiva eventuale/potenziale** (congiuntivo)
È meglio restare in casa **finché piove.**	Restiamo in casa **finché non smetta** di piovere.
(per tutto il tempo che piove)	(non siamo certi del momento in cui smetterà di piovere)

CONGIUNZIONI FINALI

affinché, perché, in modo che

Si può considerare **affinché** la congiunzione finale per eccellenza. Indica il fine, lo scopo, l'obiettivo di un'azione.

Perché, al contrario, ha valore innanzitutto causale ed è seguito dall'indicativo. Può assumere, però, anche un **valore finale** con significato equivalente ad "affinché". In questo caso richiede il congiuntivo.

Esempi

"L'insegnante parla lentamente e in modo chiaro **affinché/perché/in modo che** tutti gli studenti **possano** capire." (valore finale)

PERCHÉ FINALE	PERCHÉ CAUSALE
"L'insegnante parla lentamente e in modo chiaro **perché** tutti gli studenti **possano** capire."	"L'insegnante parla lentamente **perché** molti studenti non capiscono bene l'italiano."
(valore finale: l'insegnante vuole che loro capiscano)	(valore causale: gli studenti non capiscono, per questo l'insegnante parla lentamente).

CONGIUNZIONI MODALI

come se, quasi

Queste due congiunzioni che esprimono la modalità in cui si svolge l'azione sono seguite dal **congiuntivo imperfetto** o **trapassato**.

Esempi

"Il cielo era diventato scuro all'improvviso, **come se stesse** per scoppiare un temporale."

"Si guardava continuamente alle spalle, **quasi avesse paura** di essere seguita."

"Mi guarda con aria interrogativa, **come se** non mi **riconoscesse**."

"Mi guarda con aria interrogativa, **come se** non mi **avesse** mai **vista** prima d'ora."

Come si nota dagli esempi la congiunzione "come se" è sempre seguita da un verbo all'imperfetto (per esprimere un'azione contemporanea) o al trapassato congiuntivo (per esprimere un'azione anteriore), indipendentemente dal tempo della principale.

CONGIUNZIONI CONDIZIONALI

Queste congiunzioni esprimono un'ipotesi, un'eventualità, una condizione che determinano la realizzabilità dell'azione espressa dal verbo della frase principale.

- **purché, a patto che, a condizione che**
- **se, qualora, in caso, nel caso in cui, casomai, nell'eventualità che, quando** (con valore ipotetico)
- **ove, dove, laddove** (con valore ipotetico, tipiche della lingua scritta e del parlato formale)
- **ammesso che, supposto che, concesso che**

Esempi

"Potete uscire **purché/a condizione che/a patto che rientriate** prima di mezzanotte."

"**Casomai/in caso** tu **decidessi** di passare da noi stasera, non venire prima delle otto perché non siamo ancora in casa a quell'ora."

"**Nell'eventualità che** i sintomi **si ripresentino**, non esiti a telefonarmi, signora."

"**Ammesso che** non **sia stato** tu a diffondere la notizia, potevi almeno avvisarmi che ormai tutti ne erano al corrente."

"**Se potessi**, cambierei lavoro."

"**Qualora** il pagamento **fosse** gia **stato** effettuato, Vi preghiamo di comunicarcelo via mail."

CONGIUNZIONI ESCLUSIVE/ECCETTUATIVE/LIMITATIVE

Queste congiunzioni esprimono una mancanza, un'eccezione o un limite rispetto al verbo della frase principale.

- **senza che** (esclusive)
- **salvo che, a meno che, eccetto che, tranne che** (eccettuative)
- **per quanto** (limitative)

Esempi

"Ho organizzato il fine settimana **senza che** mio marito ne **sapesse** nulla: è stata una bella sorpresa!"

"Ci vediamo direttamente davanti al ristorante, **a meno che** tu non **voglia** passare prima da noi per un aperitivo."

"**Per quanto** io ne **sappia**, lo sciopero di domani è stato confermato."

Congiuntivo retto
da pronomi, aggettivi e avverbi indefiniti

Il congiuntivo si usa in dipendenza da **indefiniti** come:

> **qualunque, chiunque, ovunque, dovunque, qualsiasi, comunque**

che appartengono a diverse categorie grammaticali. Possono essere infatti **aggettivi**, **pronomi** o **avverbi**.

Esempi

"**Qualunque** cosa tu **faccia**, sarò al tuo fianco." (aggettivo)
"**Qualsiasi** cosa voi **diciate**, non riuscirete a convincermi." (aggettivo)
"**Ovunque** tu **vada**, ti seguirò." (avverbio)
"**Chiunque voglia** può partecipare al concorso." (pronome)
"**Comunque vada**, non sono disposto a rinunciare a questo progetto." (avverbio)

In dipendenza da queste strutture, nell'uso, si rilevano oscillazioni significative tra indicativo e congiuntivo. L'uso del congiuntivo è portatore di una sfumatura di **potenzialità** non espressa dall'indicativo, come si può notare in questi esempi:

"Qualunque cosa **fa**, Marco la fa sempre con il massimo impegno."
(tutto quello che fa)

 In questo caso consideriamo tutto ciò che in genere Marco fa o ha fatto.

"Qualunque cosa **faccia**, Marco la fa sempre con il massimo impegno."
(non importa quello che fa)

 In questo caso consideriamo quello che **potenzialmente** può fare, sottolineando la natura eventuale dell'azione.

Ricordiamo anche l'uso delle strutture **quale che sia**, **quali che siano**, certamente riferibile a un registro più alto.

Esempi

"**Quale che sia** il prezzo da pagare, mi impegnerò a raggiungere il mio obiettivo."
"**Quali che siano** le condizioni imposte dalla direzione, accetterò quel lavoro perché ne ho veramente bisogno."

Il congiuntivo in frasi relative

Le frasi relative sono quelle introdotte dai pronomi relativi:

> **che, il quale, cui** preceduto da preposizione **(a cui, di cui, per cui ecc.)**

In italiano generalmente queste frasi si costruiscono con l'indicativo:

"Ho un compagno che mi ama molto."

"Giovanni è un amico a cui voglio molto bene."

In taluni casi, però, in questo tipo di frasi **si può usare il congiuntivo**. L'uso del congiuntivo modifica il significato della frase e le attribuisce **diversi valori**:

- **finale**
- **consecutivo**
- **ipotetico**

Le relative al congiuntivo sono spesso introdotte da verbi che si riferiscono all'ambito della volizione (volontà del soggetto) come: **vorrei**, **cerco**, **voglio**, **desidero**, ecc.

La frase relativa seguente introduce, in termini di **desiderio** o **auspicio**, una caratteristica che la cosa o la persona di cui si parla dovrebbe avere.

Esempi

"Ho una baby-sitter che **parla** inglese." (è la mia baby-sitter)

"Cerco una baby-sitter che **parli** inglese." (desidero che parli inglese, ma non so se la troverò)

Questi due esempi chiariscono la differenza tra la relativa all'indicativo e quella al congiuntivo.

Nel primo caso si fa riferimento ad una baby-sitter esistente di cui si indica una caratteristica (realtà).

Nel secondo caso, invece, si esprime il desiderio che la baby-sitter che si sta cercando abbia la caratteristica di parlare inglese (**potenzialità /espressione della volontà e soggettività**).

RELATIVA CON VALORE FINALE

"Cerco un meccanico **che ripari** la mia macchina. "
(non sono certo di trovarlo, ma voglio trovarlo)

RELATIVA CON VALORE CONSECUTIVO

"Non sono condizioni di lavoro **che si possano accettare**."
(Mi riferisco a condizioni reali di lavoro e ritengo che siano tali da non poter essere accettate)

RELATIVA CON VALORE CONDIZIONALE / IPOTETICO

"Accetteresti un regalo **che costasse** così tanto?"
(Formulo un'ipotesi e il "che" si può sostituire con un "se" ipotetico.)

I tre esempi hanno in comune il fatto di allontanare l'azione dalla dimensione della realtà e trasferirla **nella sfera della possibilità**, potenzialità, eventualità. Segnano dunque il passaggio dalla certezza (indicativo) all'**incertezza** (congiuntivo).

RELATIVA CHE SEGNALA L'UNICITÀ

Rientrano nella categoria delle frasi relative che richiedono il congiuntivo anche quelle rette da principali che contengono un superlativo relativo o espressioni come **il solo**, **l'unico**, ecc. che esprimono un'idea di unicità.

Esempi

"È **il solo** uomo che mi **capisca**."
"È l'insegnante **migliore** che **abbia** mai **avuto**."
"Era l'**unica** decisione che **si potesse prendere**."

Il congiuntivo in frasi comparative

> **più di quanto/meno di quanto, meglio/peggio di quanto,
> migliore/peggiore di quanto**

Si usa il congiuntivo in frasi dipendenti con valore comparativo che contengono il secondo termine di paragone.

Esempi

"Questo esercizio è **più** difficile **di quanto pensassi**."

"Questo esercizio è difficile, molto **più di quanto pensassi!**"

"Questo vino è molto buono ed è **meno** caro **di quanto immaginassi**."

"In questo quartiere trovare un parcheggio a quest'ora è molto **più** difficile **di quanto** voi **possiate** immaginare."

Talvolta il congiuntivo è preceduto da "non" che non ha valore di negazione ma è un elemento pleonastico (elemento di riempimento senza un significato specifico).

Esempio

"Silvio è **più** testardo **di quanto** tu **non creda**."

Il congiuntivo in frase interrogativa indiretta

Nel passaggio da una domanda espressa con una frase indipendente (interrogativa diretta) ad una interrogativa indiretta, **generalmente** si usa il congiuntivo perché con questo tipo di frase si introduce un dubbio, una domanda, un'interrogazione che scaturisce dalla condizione di "non sapere".

Tuttavia, sia nello scritto sia nel parlato, si rileva una certa oscillazione tra l'uso dell'indicativo e del congiuntivo, fenomeno che testimonia la possibilità di scelta di uno stile e di un registro più informale.

L'interrogativa indiretta è sempre introdotta da verbi come: **domandare/domandarsi, chiedere/chiedersi, non sapere**, ecc.

I connettivi che introducono la domanda indiretta sono: **se, chi, cosa, dove, quando, come, perché, quanto**, ecc.

Esempi

"Luigi è tornato?"

"**Non so se** Luigi **sia tornato**."

"Perché Andrea non è venuto a scuola oggi?"

"**Mi domando perché** Andrea non **sia venuto** a scuola oggi."

"Chi ha mangiato tutti i biscotti?"

"Mi domando **chi abbia mangiato** tutti i biscotti."

Il congiuntivo con anteposizione della dipendente (struttura sintattica della frase)

Quando si modifica la struttura sintattica della frase e **la dipendente viene anteposta alla principale,** il verbo della dipendente si esprime al congiuntivo.

Esempi

1. "Tutti sanno che quel giornale è di parte." ····🔹 **"Che quel giornale sia** di parte, **lo** sanno tutti."

2. "È risaputo che il costo della vita negli ultimi tempi è aumentato." ····🔹 **"Che il costo della vita sia** aumentato, è risaputo."

Nel primo esempio la dipendente è una proposizione **oggettiva**: tutti sanno "che cosa?" Pertanto la sua dislocazione a sinistra prevede la presenza del pronome accusativo (**lo**) con valore di ripresa dell'oggetto.

Nel secondo esempio, invece, la frase dipendente è una **soggettiva** ("che il costo della vita è aumentato" funge da soggetto e si collega perciò direttamente al verbo).

Il **congiuntivo nella frase anteposta** segnala una **minore rilevanza informativa della dipendente**, il *focus* informativo va sul contenuto della principale (lo sanno tutti/è risaputo).

Il congiuntivo in frasi negative che esprimono causa irreale

In italiano la causa si esprime con "perché", o altri connettivi causali seguiti dall'indicativo.

Fa eccezione il caso in cui si voglia esprimere una **causa irreale**.

In tal caso si usa il congiuntivo introdotto da **"non perché"**, **"non che"** (dove l'uso di **non** segnala già che la causa non è reale, non è quella).

In genere questa struttura è seguita dalla causa reale (espressa all'indicativo), introdotta da "ma" come in questi **esempi**:

"Non ho comprato quel vestito **non perché non mi piacesse**, ma perché era troppo caro."

                          causa irreale   causa reale

A) "Come mai non ti va di uscire stasera?"

B) **"Non (è) che** non mi **vada**, ma sono davvero troppo stanca.

   causa irreale, negata   causa reale

Come si può notare la struttura è: **non perché** + **congiuntivo**... ma perché + indicativo

oppure: **non (è) che** + **congiuntivo**... ma + indicativo

OPINIONE PERSONALE, PUNTI DI VISTA, CONSIDERAZIONI PERSONALI

SPERANZA, AUGURIO, ASPETTATIVA

PERCEZIONE

STATI D'ANIMO

CONGIUNTIVO RETTO DA VERBI CHE ESPRIMONO

TIMORE, PAURA, RISCHIO

VOLONTÀ, DESIDERIO, PREFERENZA

DUBBIO, INCERTEZZA

IPOTESI, SUPPOSIZIONE, IRREALTÀ O FINZIONE

Verbi di opinione

Penso che un sogno così non ritorni mai più...

Domenico Modugno, *Nel blu dipinto di blu*
(Domenico Modugno, Fonit)

Leggi l'articolo e completa le opinioni espresse dagli intervistati:

Giovani pessimisti: "Invecchiamo senza avere un'occasione"

FUORIGIOCO È la generazione under 35 che emerge dall'indagine "Innovazione e ingegno creativo". Convinta, nell'81% dei casi, che le opportunità offerte dall'Italia ai suoi giovani siano del tutto inconsistenti.

ROMA - E per fortuna che Jovanotti cantava "penso positivo perché son vivo". I giovani italiani, quelli che non si accontentano di essere vivi, oggi sono tuttaltro che ottimisti. Anzi. Nell'81% dei casi pensano che le possibilità offerte dal nostro paese siano inconsistenti e che siano soprattutto le aziende a offrire poche occasioni ai giovani. Il 45% di loro, inoltre, pensa che l'Italia sia molto indietro rispetto ai partner europei. È la fotografia di una generazione, scattata dall'Ipsos al termine dell'indagine, condotta insieme a Forum PA. La ricerca, realizzata su un campione di 800 giovani tra i 16 e i 35 anni, è intitolata "Innovazione e ingegno creativo" ed è stata presentata ieri.

Creatività sprecata

Secondo l'indagine, il 53% degli intervistati si definisce molto creativo. Per il 26% creatività è uguale a fantasia; per il 17% significa originalità; per un altro 11% vuol dire espressione di se stessi. L'81% del campione ritiene però che siano soprattutto le aziende a limitare le possibilità dei giovani, mentre l'85% pensa che le occasioni offerte dal nostro paese siano insufficienti. Le colpe tutte italiane emergono chiare nel paragone con gli altri paesi europei: per il 45% l'Italia è molto indietro, mentre solo il 24% degli intervistati promuove il Belpaese e un altro 23% ritiene invece che sia allo stesso livello. Il gap con il resto d'Europa, secondo il 38% degli intervistati, comincia fin dai presupposti: in Italia mancherebbero infatti le condizioni favorevoli per sviluppare progetti che privilegiano l'innovazione e la creatività. Per il 31% il ritardo è causato dalle istituzioni, mentre il 17% dà la colpa alle aziende. Solo l'11% crede che l'Italia offra opportunità, contro il 12% che pensa invece che non ne offra nessuna e un 85% che ritiene la creatività inutile in un Paese poco capace di valorizzarla.

City, 13/05/2008

1. Nell'81% dei casi (i giovani) pensano che...

2. Il 45% di loro pensa che...

3. L'81% del campione ritiene però...

4. Mentre l'85% pensa che...

5. ...un altro 23% ritiene che (l'Italia)...

6. Solo l'11% crede che l'Italia...

7. ...contro il 12% che pensa invece che....

Come si può esprimere un'opinione?

In italiano possiamo esprimere un'opinione in modo abbastanza semplice usando ad esempio il modo indicativo con le strutture "**per me**", "**secondo me**" (o con i più formali "**a mio giudizio**", "**a mio parere**").

Osserva, infatti, questo esempio tratto dall'articolo che hai appena letto e che riporta le opinioni dei giovani intervistati:

*"**Per** il 26% (degli intervistati) creatività **è** uguale a fantasia; **per** il 17% **significa** originalità; **per** un altro11% **vuol** dire espressione di se stessi."*

Possiamo esprimere lo stesso concetto usando verbi di opinione come **pensare**, **credere**, **ritenere** seguiti dal **congiuntivo**:

*"Il 26% degli intervistati pensa (ritiene, crede) che creatività **sia** uguale a fantasia; il 17% crede che **significhi** originalità; l'altro 11% pensa che **voglia** dire espressione di se stessi".*

2 Seguendo il modello proposto dall'esempio precedente, trasforma le seguenti opinioni usando verbi come "pensare, credere, ritenere":

1. Secondo me, oggi per un giovane laureato è più facile trovare lavoro all'estero.
   _____

2. Per me, è importante saper scegliere la facoltà giusta prima di iscriversi all'università.
   _____

3. Secondo me, il vostro progetto soddisfa pienamente le esigenze dell'azienda.
   _____

4. Secondo gli esperti, il riscaldamento globale sta provocando grandi mutamenti climatici.
   _____

5. Per mio padre, il lavoro e la famiglia vengono prima di ogni altra cosa.
   _____

6. Secondo alcuni critici, questo film non merita il successo che ha riscosso tra il pubblico.
   _____

7. Secondo molte donne, persistono ancora molte disparità di trattamento economico nel mondo del lavoro rispetto agli uomini.
   _____

8. Secondo me, questo artista non ha avuto il riconoscimento che meriterebbe.
   _____

9. Secondo molti esponenti politici, questa crisi di governo non può essere risolta facilmente.
   _____

10. Secondo la maggioranza dei cittadini, il servizio di trasporto pubblico deve essere incrementato.
    _____

A proposito di... penso che...

3 Considera i tre argomenti presentati e trasforma in opinioni introdotte da "penso che" tutte le affermazioni usando il congiuntivo al tempo opportuno. Riscrivi le opinioni nei tre spazi della pagina seguente.

Internet:
- qualche volta crea dipendenza
- elimina le distanze
- facilita la comunicazione
- permette acquisti più veloci ed economici
- può essere un grande strumento di conoscenza
- non se ne può più fare a meno
- cambia la nostra vita
- piace molto soprattutto ai giovani
- stimola la ricerca

L'infanzia:
- lascia ricordi incancellabili
- ci consente di essere spensierati
- condiziona tutta la nostra vita
- è l'età più bella
- passa troppo in fretta
- in molti paesi del mondo non vengono rispettati i diritti dell'infanzia

L'amore:
- non ha età
- talvolta ci spinge a fare pazzie
- è triste vivere senza
- ispira le più grandi opere d'arte
- può provocare anche molta infelicità
- si affievolisce nella routine e nella quotidianità

A proposito di Internet, penso che:

- *qualche volta crei dipendenza.* _____
- _____
- _____
- _____
- _____
- _____
- _____
- _____
- _____

A proposito dell'infanzia, penso che:

- _____
- _____
- _____
- _____
- _____
- _____

A proposito dell'amore, penso che:

- _____
- _____
- _____
- _____
- _____
- _____

4 Ecco come sei scrittori italiani si pronunciano a proposito del linguaggio usato dai giovani negli SMS (ricco di abbreviazioni, invenzioni ortografiche, segni grafici) e delle influenze che esso può avere sull'uso corretto della lingua e sull'apprendimento della scrittura.
Nota e sottolinea nei testi i verbi al congiuntivo e motivane l'uso.

Io e gli sms: sei scrittori si confessano

Brani di interviste estratti da "Io e gli SMS: sei scrittori si confessano" – *Magazine (Corriere della Sera)*, 04/09/2008

GIANRICO CAROFIGLIO

Penso che gli SMS enfatizzino il gergo dei giovani, il loro linguaggio scattante, asciutto, fantasioso, per cui non mi sento di demonizzarli. Piuttosto penso che comunicare per scritto tenendosi all'interno di uno spazio stabilito aiuti a sintetizzare le idee.

LIDIA RAVERA

E poi gli SMS sono discreti, educati, meno invadenti di una telefonata e non è vero che rovinino la scrittura. Anche il ragazzo più sdrucito e pelandrone sa che la parola scritta rimane, così quando scriverà alla fidanzata sceglierà i vocaboli con più attenzione e questo non può che essere un bene.

FEDERICO MOCCIA

...Credo che gli SMS abbiano migliorato i rapporti tra i giovani permettendo loro di "dirsi" cose che fino a ieri dovevano esprimere guardandosi in faccia.

FLAVIO SORIGA

Non amo parlare al telefono, ma scrivere al telefono sì. Per cui mi viene più facile e naturale servirmi degli SMS per comunicare. Senza arrivare a filosofeggiare, penso che gli SMS abbiano creato un nuovo modo di esprimersi, che abbiano svecchiato il linguaggio, permettendo un'intimità e un'immediatezza che di persona è più difficile avere.

DACIA MARAINI

Penso che gli SMS non abbiano svilito il linguaggio: ormai c'è un tale tasso di ignoranza che se uno si sforza di scrivere è comunque un bene.

GIOVANNI MARIOTTI

Non uso gli SMS, a parte qualche volta per mettermi in contatto con mio figlio, quando devo comunicargli una cosa urgentemente – ma dico la verità: è soprattutto mia moglie a mandarglieli, io uso più volentieri le e-mail. Comunque credo che se li usassi, li manderei con gli errori, con quelle abbreviazioni che piacciono molto ai giovani e che loro usano in maniera così creativa. Non penso siano responsabili di un imbarbarimento della scrittura.

5 Ecco alcune altre affermazioni tratte dalle interviste integrali ai sei scrittori. Trasformale in frasi dipendenti introdotte da verbi d'opinione.

1. Lasciano spazio alla creatività.
   (Gianrico Carofiglio)

   ···❯ **Gianrico Carofiglio pensa che...**

2. Questa lingua tutta minuscola è casual, confidenziale, rapida. È come stare in jeans e maglietta.
   (Lidia Ravera)

   ···❯ **Lidia Ravera pensa che...**

3. (Per me) l'SMS è magico.
   (Federico Moccia)

   ···❯ **Federico Moccia pensa che...**

4. La fatica che implica la scrittura manuale rende più piacevole e soddisfacente il loro uso.
   (Flavio Soriga)

   ···❯ **Flavio Soriga sostiene che...**

5. Ogni forma di scrittura, anche se abbreviata, contaminata, deviata, imbastardita è sempre meglio che non scrivere nulla.
   (Dacia Maraini)

   ···❯ **Dacia Maraini crede che...**

Il verbo *pensare* e il congiuntivo

Non sempre il verbo "**pensare**" richiede il congiuntivo.

Lo richiede quando il verbo pensare significa "**credere**" o "**ritenere**" ed è un verbo di opinione, con cui si esprime un punto di vista soggettivo.

A volte, invece, il verbo pensare ha un'altra sfumatura di significato e corrisponde a "focalizzare", "andare col pensiero", "riflettere". In questo caso non richiede il congiuntivo, ma l'indicativo o il condizionale.

Possiamo notare la differenza in questi due esempi:

"Penso che Giovanni **si voglia** trasferire all'estero."
(il trasferimento di Giovanni è una **possibilità**, ma non sono sicuro che lo faccia)

"Quando penso che Giovanni si vuole trasferire all'estero, mi viene una grande tristezza."
(il trasferimento di Giovanni è una decisione presa e quando io penso a questo **fatto** sono triste).

6 Scegli la forma corretta del verbo al **congiuntivo** o all'**indicativo**:

1. Se penso che **ho pagato** / **abbia pagato** questo vestito 200 euro, mi viene una rabbia! Guarda che pessima riuscita ha fatto!

2. Se pensi che io **ho pagato** / **abbia pagato** questo vestito 200 euro, ti sbagli di grosso!

3. Pensi che **è** / **sia giusto** comportarsi in questo modo così superficiale?

4. Se penso a come mi **sono comportata** / **sia comportata** superficialmente ieri sera, mi sento proprio una stupida!

5. Penso che tu **sei** / **sia** così lontano e mi viene una gran voglia di partire e raggiungerti, mi manchi!

6. Penso che questa distanza tra noi **è** / **sia** veramente insostenibile: lascio ogni cosa e ti raggiungo al più presto, amore mio.

7. Che magnifica festa avete organizzato: un compleanno indimenticabile!
   Se penso che **avete fatto** / **abbiate fatto** tutto questo per me, mi commuovo.

8. Pensi davvero che **hanno fatto** / **abbiano fatto** tutto questo per te? Sei un illuso!

9. Pensi davvero che **è stato** / **sia stato** facile prendere una decisione così difficile da sola?

10. Invece di giudicare, pensa piuttosto a quanto **mi è costato** / **mi sia costato** prendere questa decisione da sola.

11. Penso che mio figlio domani **ha** / **abbia** un esame e sono veramente in ansia.

12. Chi può pensare che un esame così difficile si **può** / **possa** superare studiando così poco?

Altri verbi con il congiuntivo

Pasta e congiuntivo

C'è chi afferma che il congiuntivo in italiano non si usa più. Se fosse vero, sarebbe davvero strano trovarlo persino su dei pacchetti di pasta al supermercato, come dimostra questa pubblicità tratta da un sacchetto che conteneva mezzo chilo di fusilli, un noto tipo di pasta corta. Il breve testo sembra proprio un inno a quell'eleganza italiana fatta di antiche tradizioni, fine artigianato e congiuntivi...

LA FILOSOFIA DEL GUSTO

Crediamo che la Pasta sia Cultura del nostro Paese. Per questo rispettiamo il piacere tutto italiano per la buona tavola, le grandi tradizioni regionali e le piccole eccellenze del territorio.

Con la Lenta Lavorazione*, un esclusivo metodo dal quale nasce una pasta ineguagliabile, vogliamo raccontare un viaggio alla riscoperta dei tempi dell'artigiano, fatti di attenzione e cura dei particolari.

Cosimo Rummo

RUMMO
MAESTRI PASTAI
IN BENEVENTO DAL 1846

Al parco

Ma, fatti quattro passi dal supermercato al parco pubblico, ecco che il congiuntivo ritorna protagonista in un volantino in cui i cittadini di un quartiere romano si mobilitano per la difesa di uno spazio verde di utilità pubblica e si organizzano per difenderlo.

Vogliamo la verità sul Parco di Villa Massimo

Perché **pochi cittadini** fanno firmare petizioni basate su notizie palesemente non vere?
Perché **pochi cittadini** non vogliono che ci siano miglioramenti di un parco pubblico?
Perché non vogliono che vengano piantumati **37 alberi**, che ci siano percorsi agibili a tutti e distese di verde e piante?
Perché non vogliono che il parco pubblico sia **per i bambini e dei bambini**?
Perché sempre questi **pochi cittadini** non vogliono che l'accesso ad un parco pubblico sia gratuito?!
Perché non vogliono che il Parco di Villa Massimo diventi un modo per far felici gli abitanti di una zona dove la villa sia al centro di felicità e cultura? Perché?
Noi vogliamo che il Parco Pubblico di Villa Massimo sia per i bambini, dei bambini, delle mamme e dei nonni.
Pulito, curato, felice, verde. MIGLIORE!!!
Tutto questo si può fare!
Perché non è possibile a causa di **pochi cittadini**?

DAFI srl
email: info@casinadeipini.it

(...) pare che andare a fare la spesa con lo stomaco vuoto e l'acquolina in agguato induca a comprare, e a spendere, di più.

il Venerdì di Repubblica 15-07-2011

A casa di amici una sera

Una sera degli amici si incontrano a casa di qualcuno, ci sono bambini, ragazzi e tanta ospitalità, gioia, gentilezza e si sente il piacere di stare insieme.

Tra le tante parole e frasi, potreste sicuramente sentirne alcune tra quelle trascritte sotto. Sono tutte espressioni legate a **sentimenti**, **stati d'animo**, **opinioni** e naturalmente richiedono il congiuntivo!

1 Completate le frasi con il verbo appropriato, coniugandolo al congiuntivo presente o passato:

riuscire • bastare • abbassarsi
conoscere • potere • incontrarsi
piacere • inviare • essere • guidare
riuscire • portare • esserci

1. Sono contenta che _____ anche i bambini, come sono cresciuti!

2. Mi dispiace che non _____ fermarvi per cena, avevo preparato qualcosa da mangiare.

3. Ragazzi restate a cena con noi, dubito che _____ a trovare una pizzeria aperta a quest'ora.

4. Ho paura che due bottiglie di vino non _____ per otto persone.

5. Mi fa piacere che il regalo _____ ai bambini. Me lo ha consigliato la commessa del negozio.

6. È curioso che Bernardo mi _____ un messaggio proprio mentre parlavamo di lui.

7. Ci sorprende che voi non _____ Bernardo, mi sembra strano che (voi) non _____ mai _____ durante qualche festa a casa nostra.

8. Mi sembra che la pasta _____ cotta, vuoi assaggiare anche tu?

9. Mi pare che la temperatura _____. Ora sento freddo, devo mettermi una maglia.

10. Controlla che non _____ una finestra aperta di là, sento una corrente d'aria.

11. Mi meraviglio del fatto che Gianni non _____. Come mai?

12. Mi auguro che _____ a prendere l'ultima metro, se no potete tornare qui e dormire da noi.

2 Completa il testo con i verbi al congiuntivo presente:

Che soggetto!

Al mattino, anche di domenica, io sono molto stanco e voglio dormire ma lei non vuole che io (dormire) _____, lei vuole che io (svegliarsi) _____, che (alzarsi) _____, che (fare) _____ una bella colazione e che (cominciare) _____ a studiare.

Lei non mi capisce. Io preferisco studiare di notte mentre lei esige che io (spegnere) _____ la luce entro mezzanotte. Per questo ogni sera io aspetto che lei (addormentarsi) _____, fingo di andare a letto e poi in silenzio controllo che lei (dormire) _____ profondamente (me ne accorgo dal suo russare) e subito riaccendo il computer, sperando che lei non (svegliarsi) _____ e non mi (scoprire) _____.

Durante il giorno lei mi telefona sempre. Mi sembra che lei non (fidarsi) _____ di me. E io non sopporto che lei mi (chiamare) _____ di continuo quando esco con gli amici, perciò a volte non le rispondo. A me sembra normale farlo, mentre per lei pare che non rispondere al telefono (essere) _____ un crimine.

Anche a casa, quando qualcuno mi chiama, vuole sempre sapere chi è, specialmente se intuisce che parlo con una ragazza, così a volte io fingo che (trattarsi) _____ di un amico per non farmi fare troppe domande.

A tavola poi, mi critica sempre. Non le piace cha io (riempirsi) _____ il piatto per primo senza aspettare che tutti (sedersi) _____. Le dà fastidio che io (tenere) _____ acceso il cellulare mentre mangiamo e questo lo posso capire, ma per quanto riguarda tutto il resto penso davvero che lei (esagerare) _____ . Per esempio, teme sempre che io non (mangiare) _____ a sufficienza, si preoccupa che io non (seguire) _____ una dieta equilibrata, perciò mi sbuccia continuamente arance e banane anche quando non ne ho voglia.

Che fare con questo strano soggetto? Davvero mi auguro che prima o poi lei (capire) _____ che tutto ciò che io desidero è che mi (lasciare) _____ un po' di autonomia e che (rendersi conto) _____ che non sono più un bambino.

Secondo voi chi è questo strano soggetto?
Quanti anni immaginate che io (avere) _____?

Mi aspetto che...

Quando **ci aspettiamo** qualcosa, **speriamo**, **desideriamo** che questa cosa si realizzi. Per questo la struttura *mi aspetto che* regge il congiuntivo. "**Mi aspetto** che questo viaggio **sia** meraviglioso" significa: "desidero/voglio che questo viaggio sia meraviglioso".

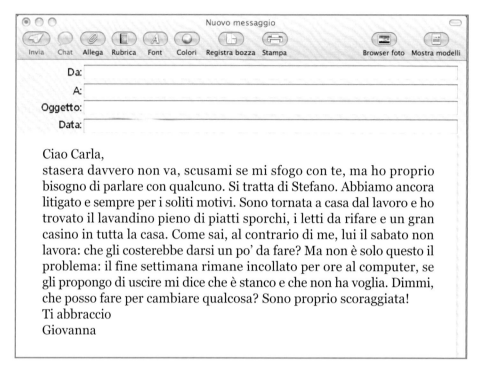

Giovanna è delusa. Secondo lei Stefano dovrebbe:

- **essere** più collaborativo in casa
- **lavare** i piatti
- **rifare** i letti
- **mettere** in ordine la casa

- **darsi** un po' più da fare
- il sabato non **rimanere** incollato al computer
- **uscire** con lei più spesso
- non **dire** di essere sempre stanco

3 Riscrivi le aspettative di Giovanna coniugando i verbi al **congiuntivo presente**.

Giovanna è delusa. Si aspetta che almeno qualche volta Stefano:

sia più collaborativo in casa,

Dialoghi quotidiani al congiuntivo

Completa i dialoghi coniugando i verbi tra parentesi al congiuntivo presente o passato.

In cucina

1.
- Pensi che **(essere)** _____ meglio cuocere il pesce alla griglia o al forno?
- Credo che **(venire)** _____ meglio alla griglia, ma ci vuole più tempo.

2.
- Preferisci mangiare dentro o in terrazza?
- È uguale per me, i bambini – però – credo che **(preferire)** _____ mangiare in terrazza.
- L'importante è che **(sbrigarsi - voi)** _____ a preparare la tavola, io ho fame e i bambini credo che non **(fare)** _____ neppure colazione stamattina perché si sono alzati tardi.

3.
- Senti, secondo te, posso mettere questa tovaglia o è un po' sporca?
- No, mi pare che **(essere)** _____ pulita, tanto siamo solo tra noi, ancora per una volta può andare.
- Non trovo i tovaglioli di carta, dove sono?
- Ah, mi sembra che **(finire)** _____, ho dimenticato di comprarli.

Di chi è?

4.
- Di chi è quel libro sul tavolo?
- Dovrebbe essere di Leonardo.
- Davvero? Mi pare strano che lui **(leggere)** _____ questo genere di romanzi!
- Infatti hai ragione, non l'ha comprato lui, mi pare che qualcuno glielo **(regalare)** _____ per il suo compleanno.

5.
- Di chi sono questi occhiali?
- Fammi vedere, ah mi sembra che **(essere)** _____ di Lucia, può darsi che lei **(prendere)** _____ i miei per sbaglio, fammi controllare. No, i miei sono nella custodia, allora credo che non **(accorgersi)** _____ di averli lasciati qui. Ora la chiamo, può darsi anche che non **(essere)** _____ i suoi.

Guardando la TV

6.

■ Senti, ma non doveva iniziare adesso il film?

● Sì, ma credo che stasera sullo stesso canale **(esserci)** _____ i mondiali di calcio.

■ Oh no! Allora è possibile che non lo **(trasmettere)** _____ per niente o, che dici, forse lo danno più tardi, dopo la partita?

● Guarda, sto controllando sul computer e non mi pare che **(esserci)** _____ in programma un film per stasera.

7.

■ Senti, come mai Anna non mi risponde al cellulare?

● Può darsi che lo **(lasciare)** _____ a casa.

■ Ma mi dà spento o non raggiungibile e lei mi ha detto di chiamarla alle cinque.

● Mi sa che si è dimenticata di accenderlo, allora penso che ti **(convenire)** _____ chiamare direttamente in ufficio prima che lei **(uscire)** _____.

■ Ho provato, ma anche lì non mi risponde nessuno, penso che **(uscire)** _____ già _____ tutti.

Tra amici

8.

■ Ti ricordi di Michela, che fine avrà fatto?

● Mah, che io **(sapere)** _____, non è mai tornata in Italia.

■ Credo che **(sposarsi)** _____ ed **(avere)** _____ pure uno o due figli.

● Ma che lavoro fa?

■ Mi pare che **(aprire)** _____ un negozio di prodotti biologici, o qualcosa del genere.

● Mica male! Proprio lei che a scuola sembrava così poco dinamica, è quella che ha avuto più iniziativa di tutti.

L'ho fatto e rifatto, com'è possibile che...

Abbiam bevuto, e poi ballato,
è mai possibile che ti abbia già scordato...

Lucio Battisti, *La compagnia*
(Donida -Mogol, Ed. musicali Acqua azzurra)

Nel testo della canzone interpretata da Lucio Battisti, il congiuntivo è introdotto dalla struttura "è mai possibile che...?", che equivale a: "come è possibile che...?".
Ti proponiamo ora un esercizio con frasi che richiamano questa struttura.

Completa le domande con uno dei verbi indicati sotto, coniugati al congiuntivo passato.

1. L'ho chiamato e richiamato, com'è possibile che non mi _____?

2. L'ho lavata e rilavata, com'è possibile che _____ macchiata?

3. L'ho letto e riletto, com'è possibile che quest'errore non l'_____?

4. Te l'ho spiegato e rispiegato, com'è possibile che tu non l' _____?

5. L'ho usato e riusato, com'è possibile che non _____?

6. Gliel'ho detto e ripetuto che ci vedevamo alle sette,
   com'è possibile che _____?

7. L'ho cercato e ricercato, com'è possibile che non l'_____?

8. Mi ha guardata e riguardata, com'è possibile che non mi _____?

Sembra che le donne...

Al noto gioco a quiz *L'eredità*, che da anni viene trasmesso su Rai 1, l'8 marzo 2013 è stata proposta ai concorrenti questa domanda:

IN TUTTE QUESTE COSE SEMBRA CHE LE DONNE ABBIANO UNA MARCIA IN PIÙ RISPETTO AGLI UOMINI TRANNE IN UNA. QUALE?

- Hanno più titoli di studio
- Il cuore batte più veloce
- Scoprono più tradimenti
- Hanno cellule più resistenti
- Sono manager migliori
- Hanno miglior memoria
- Hanno più bisogno di dormire
- Perdonano più facilmente
- Parcheggiano meglio

1 Qual è secondo te la risposta giusta? O meglio: quale di queste cose non è vera?

_____

Ora controlla la tua risposta nelle chiavi.

Ora trasforma tutte le affermazioni della lista sopra collegandole alla frase principale "sembra che", come nell'esempio indicato.

Sembra che le donne...

1. *abbiano più titoli di studio.* _____

2. _____

3. _____

4. _____

5. _____

6. _____

7. _____

8. _____

9. _____

Lascia che...

Lascia che sia tutto così
e il vento volava sul tuo foulard
avevi già preso con te
le mani, le sere, la tua allegria...

Claudio Baglioni, *Solo*
(Baglioni, RCA)

Per esortare qualcuno o consigliargli di assumere un certo comportamento, di fare o non fare qualcosa, usiamo la struttura **lascia che** oppure **non lasciare che** seguita da un verbo al congiuntivo.

1 Completa le frasi con i verbi al **congiuntivo presente**.

1. Lascia che tuo figlio **(fare)** _____ le sue esperienze, non stargli sempre addosso!

2. Non preoccuparti delle maldicenze, lascia che gli altri **(pensare)** _____ ciò che vogliono.

3. Non chiamarlo così spesso, lascia che ti **(cercare)** _____ lui qualche volta. Si sentirà meno pressato e avrà più voglia di vederti.

4. Ho deciso di non intervenire in questa faccenda e di lasciare che le cose **(seguire)** _____ il loro corso.

5. Fatti coraggio e lascia che il tempo ti **(aiutare)** _____ a dimenticare.

6. Non è più necessario intervenire con una terapia, signora: lei è già in fase di guarigione. Deve solo aspettare ancora un po' e lasciare che la malattia **(fare)** _____ il suo corso.

7. Non lasciare che il sole **(rovinare)** _____ la tua pelle, usa una crema protettiva!

8. Non lasciare che i tuoi genitori **(scegliere)** _____ per te, scegli tu la scuola che preferisci!

9. Lascia che gli altri **(dire)** _____ ciò che vogliono, tu continua per la tua strada!

10. So che hai litigato con Gianni, ma ti consiglio di non richiamarlo subito, lascia che lui **(calmarsi)** _____ un po'!

2 Trasforma le frasi come nel modello, usando il congiuntivo presente:

Es.: Lasciare / Luca / sbrigarsela da solo!

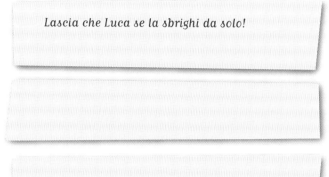

Lascia che Luca se la sbrighi da solo!

1. Lasciare / i ragazzi / studiare da soli!

2. Lasciare / tua figlia / andare alla festa!

3. Lasciare / le cose / andare per conto proprio!

4. Lasciare / i ragazzi / decidere da soli!

5. Lasciare / il tempo / passare!

6. Lasciare / Marco / fare le sue scelte!

7. Lasciare / la torta / raffreddarsi / prima di tirarla fuori dallo stampo!

Fa' che...

Inserisci i verbi al congiuntivo
e completa il testo della canzone:

piovere • fare • venire • portarsi
ricordare • essere (x 5) • durare

Francesco De Gregori

GESÙ BAMBINO

Gesù piccino picciò, Gesù Bambino,
fa' che _____ la guerra prima che si può.
Fa' che _____ pulita come una ferita
piccina picciò,
fa' che _____ breve come un fiocco di neve.

E fa' che _____ via la mala morte
e la malattia,
fa' che _____ poco e che
_____ come un gioco.

Tu che conosci la stazione
e tutti quelli che ci vanno a dormire,
fagli avere un giorno l'occasione
di potere anche loro partire.
Partire senza biglietto,
senza biglietto volare via,
per essere davvero liberi non occorre la ferrovia.

E fa' che _____ un po' di meno
sopra quelli che non hanno ombrello
e fa' che dopo questa guerra
il tempo _____ più bello.

Gesù piccino picciò,
Gesù Bambino comprato a rate,
chissà se questa guerra potrà finire
prima dell'estate,
perchè sarebbe bello spogliarci tutti
e andare al mare
e avere sotto gli occhi, dentro al cuore,
tanti giorni ancora da passare.

E ad ogni compleanno guardare il cielo
ed essere d'accordo e non avere più paura,
la paura è soltanto un ricordo.

Gesù piccino picciò, Gesù Bambino alla deriva,
se questa guerra deve proprio farsi
fa' che non _____ cattiva.
Tu che le hai viste tutte
e sai che tutto non è ancora niente,
se questa guerra deve proprio farsi
fa' che non la _____ la gente.
E poi perdona tutti quanti, tutti quanti
tutti quanti tranne qualcuno,
e quando poi sarà finita
fa' che non la _____ nessuno.

Francesco De Gregori, *Gesù bambino*, RCA

Questa canzone è una preghiera, un'invocazione. L'autore chiede a Gesù Bambino che realizzi i suoi **desideri**, glieli affida in forma di invocazione e in questo modo ci dice quello che **vorrebbe**.

2 Trasforma le richieste secondo il modello dato.

Fa' che...	Vorrebbe che...
venga la guerra prima che si può	_venisse_ prima che si può
sia pulita	_____ pulita
sia breve	_____ breve
si porti via la mala morte e la malattia	_____ via la mala morte e la malattia
duri poco	_____ poco
sia come un gioco	_____ come un gioco
piova un po' di meno sopra quelli che non hanno ombrello	_____ un po' di meno sopra quelli che non hanno ombrello
dopo la guerra il tempo **sia** più bello	dopo la guerra il tempo _____ più bello

Osserva questo passaggio della canzone e rifletti su quali sono i desideri espressi dall'autore:

Gesù piccino picciò, Gesù Bambino comprato a rate,
chissà se questa guerra potrà finire prima dell'estate,
perchè sarebbe bello spogliarci tutti e andare al mare
e avere sotto gli occhi, dentro al cuore,
tanti giorni ancora da passare.
E ad ogni compleanno guardare il cielo
ed essere d'accordo e non avere più paura,
la paura è soltanto un ricordo.

3 Ora prova a riscrivere i desideri dell'autore negli spazi, introdotti questa volta dalla struttura "vorrebbe che".

Vorrebbe che...

...la guerra (finire) _____ prima dell'estate.

...tutti (spogliarsi) _____ e (andare) _____ al mare.

...e (avere) _____ tanti giorni ancora da passare.

...e ad ogni compleanno tutti (guardare) _____ il cielo e (essere) _____ d'accordo e non (avere) _____ più paura e la paura (essere) _____ soltanto un ricordo.

Mina
VORREI CHE FOSSE AMORE

Vorrei che **fosse** amore,
amore quello vero
la cosa che io sento
e che mi fa pensare a te.
Vorrei poterti dire
che t'amo da morire
perché è soltanto questo che desideri da me.
Se c'è una cosa al mondo
che non ho avuto mai
è tutto questo bene che mi dai.
Vorrei che **fosse** amore,
ma proprio amore amore
la cosa che io sento per te.

Antonio Amurri - Bruno Canfora, *Vorrei che fosse amore*, Curci

Nella canzone di Mina, come puoi notare, viene espresso un desiderio con il verbo "vorrei" seguito dal congiuntivo imperfetto (***Vorrei*** *che* ***fosse*** *amore…*) Infatti, quando nella frase principale il verbo è al condizionale, il verbo nella dipendente va al congiuntivo imperfetto o trapassato.
Nella canzone puoi notare anche che il verbo "vorrei" è seguito dall'infinito (***Vorrei poterti*** *dire…*). Questo accade quando il soggetto della frase principale e quello della dipendente sono uguali (in questo caso: io/io).

1 Costruisci delle frasi introdotte da vorrei, preferirei, mi piacerebbe, come nel modello accanto.

> Vorrei... Preferirei...
> Mi piacerebbe...

Es.: I miei figli / essere / più ordinati

Vorrei che i miei figli fossero più ordinati

1. Tu / dire / la verità
2. L'estate / non / finire mai
3. Esserci / lavoro per tutti
4. Lui / venirmi / a prendere in macchina
5. Voi / scrivere / in stampatello
6. Lei / amarmi
7. Nel mio quartiere / esserci / più spazi verdi
8. I prezzi / diminuire / un po'
9. Smettere / di piovere
10. La città / essere / a misura di bambino

Sarebbe meglio che...

Anche nel caso di strutture impersonali che reggono il congiuntivo, se il verbo della principale è al **condizionale**, nella frase dipendente si usa il **congiuntivo imperfetto**.
Ecco alcune espressioni impersonali frequenti, costruite con il verbo "sarebbe" + aggettivo, nome o avverbio:

sarebbe meglio

sarebbe ora

sarebbe giusto/sbagliato/opportuno

sarebbe il caso

ecc.

Es.: "**Sarebbe meglio** che tu **prendessi** un taxi."

1 Completa le frasi con un verbo appropriato, tra quelli indicati, coniugato al congiuntivo imperfetto:

alzarsi • prendere • comprarsi
dire • comunicare • iniziare
ringraziare • presentarsi

1. Sarebbe meglio che tu _____ un taxi, non è facile spiegarti come arrivare in autobus.

2. Sarebbe il caso che tu _____ a guadagnare qualcosa, io non ce la faccio a mantenerti, la vita è cara.

3. Sarebbe ora che tu _____, è quasi mezzogiorno!

4. Sarebbe giusto che tu lo _____ dopo tutto quello che ha fatto per te.

5. Sarebbe opportuno che l'agenzia ci _____ il numero ed il nome dei partecipanti, almeno un mese prima dell'inizio dei corsi.

6. Sarebbe inopportuno che voi _____ a cena senza un mazzo di fiori o una bottiglia di vino.

7. Sarebbe preferibile che tu gli _____ la verità, prima che la venga a sapere da qualcun altro.

8. Sarebbe utile che tua madre _____ un bel carrello per la spesa, visto che non può portare pesi.

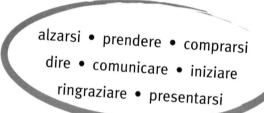

Il congiuntivo retto da sostantivi

IL SOSPETTO

LA PREOCCUPAZIONE

IL DUBBIO

LA PAURA

IL TIMORE

LO SCOPO

LA VOLONTÀ

IL DESIDERIO

L'ATTESA

LA SPERANZA

L'ILLUSIONE

SOSTANTIVI
CHE REGGONO
IL CONGIUNTIVO

LA POSSIBILITÀ

L'IPOTESI

IL RISCHIO

L'IDEA

IL PENSIERO

L'IMPRESSIONE

LA CONVINZIONE

La paura, la voglia, l'idea che...

Primavera non bussa, lei entra sicura
come il fumo lei penetra in ogni fessura
ha le labbra di carne, i capelli di grano
che paura, che voglia che ti prenda per mano!
Che paura, che voglia che ti porti lontano!

Fabrizio De André, *Un chimico*
(Giuseppe Bentivoglio, Fabrizio De André, Nicola Piovani, Ricordi)

M'era insopportabile, difatti, il pensiero che sull'isola rimanessero *loro due* soli, insieme, senza di me.

Elsa Morante, *L'isola di Arturo*, Einaudi

Quando arriva il verde e quelli davanti non se ne accorgono e dovete suonare, a darvi il fastidio è il sospetto che abbiano dei pensieri più belli dei vostri?

D - Repubblica, 26/11/2011

«Il mio incubo ricorrente è che la gente prenda e se ne vada. L'ho sempre avuto e ce l'ho ancora»

"Sono Paul, e tu?" (intervista a Paul Mc Cartney), *D - Repubblica*, 14/01/2012

L'idea che si possano difendere e addirittura rafforzare identità locali chiuse, prima di essere razzista, è ridicola.

"Per Posta" di Michele Serra - *Il Venerdì di Repubblica*, 17/07/2011

Il **congiuntivo** non si usa solo in dipendenza da verbi, ma anche da **sostantivi** che – come i verbi equivalenti – esprimono **dubbio, paura, speranza, desiderio, scopo, attesa, sospetto, rischio, possibilità, opinione**, ecc. Come puoi notare, si tratta di sostantivi astratti con un significato riconducibile non alla realtà e all'oggettività, ma all'irrealtà e alla soggettività. Non a ciò che è, ma a ciò che noi desideriamo, temiamo, pensiamo, sospettiamo che sia. Osservane l'uso nei brevi testi sopra.

Completa le frasi con i verbi al **congiuntivo presente** o **imperfetto**:

1. In quella difficile impresa, mi frenava la paura che le mie energie non **(essere)** _____ sufficienti a superare tutte quelle difficoltà.

2. Non avevo alcuna speranza che lui **(arrivare)** _____ in orario: sapevo che era un inguaribile ritardatario!

3. La convinzione che **(essere)** _____ necessario un profondo cambiamento ci spinge ad impegnarci in questa battaglia politica.

4. Gli operai nutrono il timore che la fabbrica **(chiudere)** _____ a causa della crisi economica e che nel loro futuro **(profilarsi)** _____ la disoccupazione.

5. Non avevo preso in considerazione l'ipotesi che tu **(decidere)** _____ di non venire più a trovarmi: sono profondamente deluso.

6. In attesa che **(arrivare)** _____ gli altri ospiti, possiamo prendere un aperitivo in terrazzo.

7. Ma chi ti ha messo in testa l'idea che studiare **(essere)** _____ inutile?

8. Il sospetto che, in questa faccenda, la verità non **(venire)** _____ mai a galla è pienamente fondato.

9. È veramente lontana la possibilità che questa storia **(finire)** _____ bene e che tu non ne **(dovere)** _____ pagare le conseguenze.

10. Negli anni della contestazione, sembrava fondata l'illusione che il mondo **(potere)** _____ radicalmente cambiare.

11. In questa giornata di agitazioni sindacali nel settore dei trasporti, c'è il rischio che molti treni **(sopprimere** - passivo**)** _____ .

12. Roberto era tormentato dal dubbio che Marta non lo **(amare)** _____ più.

13. Mi sono deciso a parlare con lo scopo che **(fare** - passivo**)** _____ finalmente giustizia per quelle vittime innocenti e che quei delinquenti non **(essere)** _____ più in grado di nuocere a nessuno.

14. Per escludere la possibilità che la malattia **(ripresentarsi)** _____, è necessario fare delle cure preventive.

15. Non bisogna alimentare l'illusione che questo percorso professionale **(essere)** _____ semplice e facilmente realizzabile.

16. Serpeggiava tra noi la preoccupazione che tutto il nostro progetto **(andare)** _____ in malora per l'incompetenza di alcuni colleghi.

17. Io e mio marito condividiamo il desiderio che i nostri due figli **(realizzare)** _____ un brillante percorso di studi e che **(trovare)** _____, in futuro, un lavoro soddisfacente.

18. A fine serata, tutti andammo via con l'impressione che **(esserci)** _____ del tenero tra Marco e Lucia.

19. Al solo pensiero che lui **(potere)** _____ lasciarmi, mi sento male.

Congiuntivo e congiunzioni

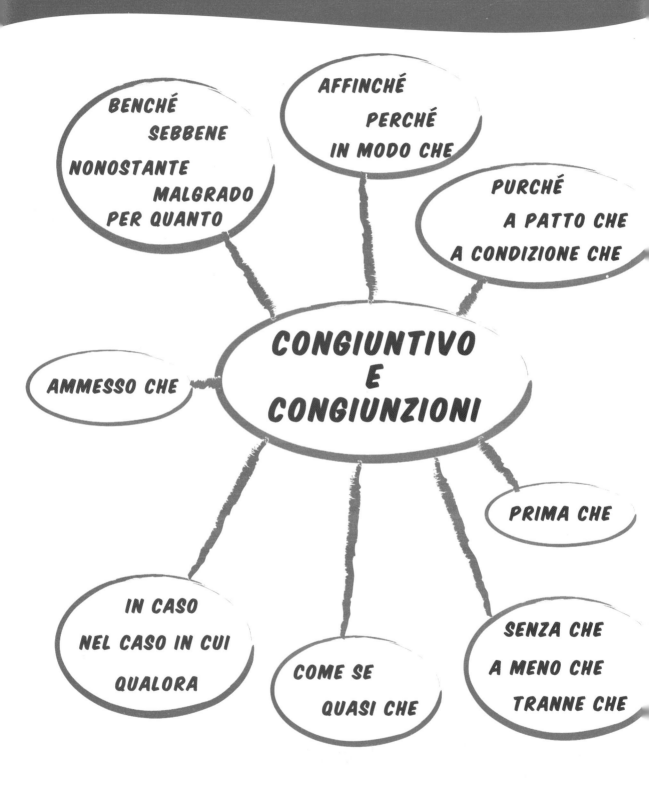

BENCHÉ
SEBBENE
NONOSTANTE
MALGRADO
PER QUANTO

AFFINCHÉ
PERCHÉ
IN MODO CHE

PURCHÉ
A PATTO CHE
A CONDIZIONE CHE

AMMESSO CHE

CONGIUNTIVO
E
CONGIUNZIONI

PRIMA CHE

IN CASO
NEL CASO IN CUI
QUALORA

COME SE
QUASI CHE

SENZA CHE
A MENO CHE
TRANNE CHE

Congiuntivo e congiunzioni

Così lei restò sola nella stanza
la stanza sul porto
con l'unico vestito
ogni giorno più corto
e **benché** non **sapesse** il nome
e neppure il paese
m'aspettò come un dono d'amore
fino dal primo mese...

Lucio Dalla, *4 marzo 1943*
(Pallottino - Dalla, RCA)

Con queste strofe tratte da una delle più note canzoni di Lucio Dalla, introduciamo il vasto tema delle **congiunzioni subordinanti** che reggono il **congiuntivo**.
La letteratura e la stampa ne presentano numerosissimi usi.
Ecco alcuni esempi:

Chi può dire di che carne sono fatto? Ho girato abbastanza il mondo da sapere che tutte le carni sono buone e si equivalgono, ma è per questo che uno si stanca e cerca di mettere radici, di farsi terra e paese, **perché** la sua carne **valga** e **duri** qualcosa di più che un comune giro di stagione.

Cesare Pavese,
"La luna e i falò"

da un'intervista ad Angelina Jolie
(D-La Repubblica,13 ottobre 2012)

Domanda: "A 13 anni cosa voleva fare?"
Risposta: "Volevo vedere il mondo. Mia madre, **per quanto** aperta **fosse**, non mi fece viaggiare molto."

"Camminava lesta come sempre e Maria accanto a lei teneva il passo a stento, **nonostante** il suo vestitino bianco non **avesse** il peso della gonna lunga della vecchia."

Michela Murgia, "Accabadora"

Gli avevano portato il televisore in camera **perché potesse** distrarsi quando non c'era nessuno a fargli compagnia.

In tutta Soreni non c'era agli occhi di Andrìa una ragazza che potesse anche solo somigliare a Maria per bellezza, e suo fratello lo aveva sempre saputo **senza che fosse stato** mai necessario confidarglielo.

*Quando la professoressa di latino è entrata eravamo tutti voltati di spalle, zitti e perfettamente composti secondo le istruzioni di Guido, **come se fossimo assorti** in una lezione al lato opposto dell'aula.*

⋯ Andrea de Carlo,
"Due di due"

Da "Capolavori vietati ai turisti",
Riccardo Bocca,
L'Espresso 14 luglio 2011   ⋯

*Uno dice: I Sassi di Matera. E già basta a evocare, in tutta la sua magia, un vanto della Basilicata e della nostra nazione. Patrimonio dell'UNESCO dal 1993, testimonianza storica di valore assoluto, dovrebbe essere un "gioiello da custodire con venerazione", come invoca Pio Acito di Legambiente Lucania. E invece no: "**quasi fosse** normale, questa meraviglia viene in continuazione aggredita da responsabili pubblici con interventi invasivi".*

*Si accostò con esuberante cordialità aggrottando le ciglia **come fosse** preoccupatissimo e ansioso di avere i consigli di Drogo. Giovanni si sentì disarmato, la sua ira di colpo si spense, **benché sapesse** bene che Simeoni lo stava ingannando.*

⋯ Dino Buzzati, "Il deserto dei Tartari"

Elsa Morante," L'isola di Arturo" ⋯

*Di ora in ora, tuttavia sentivo tornarmi le forze; ma, **sebbene avessi** sempre **stimato** l'esser malati una noia massima, quasi quasi mi sarebbe piaciuto di prolungare questa malattia.*

Nota in questo brano di Cesare Pavese il valore ipotetico di "quando" che implica l'uso del congiuntivo.

*Su queste colline quarant'anni fa c'erano dei dannati che per vedere uno scudo d'argento si caricavano un bastardo dell'ospedale, oltre ai figli che avevano già. C'era chi prendeva una bambina per averci poi la servetta e comandarla meglio; la Virgilia volle me perché di figlie ne aveva già due, e **quando fossi** un po' cresciuto speravano di aggiustarsi in una grossa cascina e lavorare tutti quanti e star bene.*

⋯ Cesare Pavese,
"La luna e i falò"

Coniuga i verbi al congiuntivo al tempo appropriato:

1. Per quanto (cercare) _____ di spiegargli più volte che il suo comportamento mi infastidiva, non ha mai fatto nulla per cambiare.

2. Nostro figlio si assentava spesso da scuola, senza che noi ne (sapere) _____ nulla.

3. Verrò a cena fuori con te purché tu mi (promettere) _____ che non facciamo troppo tardi: devo alzarmi presto domattina.

4. Prima che tutti (partire) _____ per le vacanze, vorrei organizzare una cena a casa mia.

5. Ragazzi, potete usare il computer purché non (restare) _____ ore e ore su Facebook.

6. Mi guardava con un'aria interrogativa, come se (stare) _____ dicendo cose incomprensibili.

7. L'amministrazione si impegna a fare il massimo affinché i lavori (terminare - passivo) _____ entro la fine dell'anno e i cittadini non (dovere) _____ subire ulteriori disagi.

8. Ci dispiace, in quel periodo siamo impegnati e non possiamo partire con voi, a meno che non (volere) _____ cambiare la data di partenza.

9. Perché si (realizzare) _____ questo progetto nei tempi previsti, è necessario il massimo impegno di tutti i collaboratori.

10. Per quanto io ne (sapere) _____, Luigi non si è mai trasferito all'estero e vive stabilmente a Milano.

11. Cerchiamo di rientrare, prima che (cominciare) _____ a piovere.

12. Malgrado (sforzarsi) _____ di apparire sereni, è evidente che Gianna e Marcello sono molto inquieti in questo periodo.

13. Aveva un'aria disinteressata, quasi che non le (importare) _____ più nulla di tutta quella storia.

14. Senti, compriamo qualcosa in più da mangiare per stasera così, nel caso (decidere) _____ di venire a cena anche Fabrizio e Teresa, non avremo problemi.

Scegli la congiunzione appropriata:

1. Sii sincero con me! **Come se / Prima che** io sappia la verità dagli altri, preferisco che sia tu a dirmela!

2. Il nuovo governo dovrà cambiare orientamento riguardo alla scuola e all'università ed impegnarsi **affinché / malgrado** il diritto all'istruzione sia veramente garantito.

3. **Purché / Benché** non avesse molti soldi, scelse il miglior ristorante per festeggiare il suo compleanno.

4. Riuscì a copiare tutto il compito usando il suo cellulare, **affinché / senza che** il suo insegnante se ne accorgesse.

5. Marco, devi correre all'Outlet **prima che / sebbene** finiscano i saldi di fine stagione.

6. **Perché / Per quanto** cerchi di apparire serena, è chiaro che Marta non ha mai accettato la separazione da suo marito e ne soffre ancora molto.

7. **Senza che / Nel caso** non capiate qualche parola, chiedetemela e ve la spiegherò io.

8. Vi aspetto davanti alla fermata della metro, **a meno che / per quanto** voi non facciate tardi. In quel caso, avvisatemi con un messaggio e ci vediamo direttamente al ristorante.

9. Faceva molto caldo, ma il cielo era carico di nubi scure, **in caso / come se** stesse per scoppiare un temporale estivo.

10. Ti presto questa borsetta **affinché / purché** tu non me la rovini. Ci tengo troppo!

11. **Sebbene / Quasi che** non sia un'amante dell'Opera, devo dire che la rappresentazione dell'Aida alle Terme di Caracalla mi ha veramente emozionata.

3 Completa le seguenti frasi con le **congiunzioni necessarie:**

> a meno che • senza che • nonostante
> come se • in caso • purché • prima che
> in modo che • affinché • sebbene

1. _____ stia morendo di stanchezza, ho deciso di uscire con i miei amici.

2. _____ non mi sia impegnata troppo con lo studio, sono riuscita a superare l'esame.

3. _____ tu non riesca trovare la mia casa, chiamami e ti spiego meglio come raggiungerla.

4. Ti racconto una cosa che mi è successa, _____ tu non ne parli con nessuno.

5. L'annuncio è stato affisso in bacheca _____ tutti possano leggerlo.

6. Gli abbiamo organizzato una festa per il suo compleanno, _____ lui ne sapesse nulla.

7. _____ inizi a piovere, devo ritirare i panni stesi.

8. Mi guarda e mi sorride, _____ mi conoscesse.

9. Non ti preoccupare, farò _____ tutto sia pronto per stasera.

10. Luisa non può farcela ad arrivare in tempo alla stazione, _____ non prenda un taxi.

Questa pubblicità di una ditta di illuminazione si ispira ad una frase tratta dal Vangelo. È una citazione di Cristo che si rivolge all'apostolo Pietro, dicendogli: *"In verità ti dico che questa stessa notte, **prima che** il gallo **canti**, tu mi rinnegherai tre volte"*.

Completa le frasi con il verbo al modo congiuntivo presente.

1. Prima che (essere) _____ troppo tardi, ...
2. Prima che io (scordarsene) _____, ...
3. Prima che (iniziare) _____ il film, ...
4. Prima che (arrivare) _____ gli ospiti, ...
5. Prima che (giungere) _____ l'inverno, ...
6. Prima che (chiudere) _____ la banca, ...
7. Prima che (tramontare) _____ il sole, ...
8. Prima che (cominciare) _____ a piovere, ...

Ed ora continua associando le frasi dell'esercizio precedente con quelle scritte sotto in modo che abbiano un significato coerente:

_____ a. devo prelevare dei soldi.

_____ b. sbrighiamoci a rientrare perché non abbiamo l'ombrello.

_____ c. ricordati di spegnere il cellulare.

_____ d. eccoti i 50 Euro che mi hai prestato ieri.

_____ e. voglio fare un ultimo tuffo in mare.

_____ f. devo apparecchiare la tavola.

_____ g. Francesco dovrebbe trovarsi un lavoro serio.

_____ h. devo comprarmi un cappotto pesante.

Benché, sebbene, nonostante...

1 Trasforma le frasi introdotte dalla congiunzione avversativa "ma", usando le **congiunzioni concessive** indicate.

Ricorda che "anche se" non richiede il congiuntivo, ma l'indicativo.

> benché • sebbene
> malgrado • nonostante

Es.: Luigi ha bevuto molto, ma non è ancora ubriaco.

Anche se Luigi ha bevuto molto, non è ancora ubriaco.

Sebbene (malgrado, nonostante, benché) abbia bevuto molto, Luigi non è ancora ubriaco.

1. Ha un aspetto poco raccomandabile, ma è un bravissimo ragazzo.

2. Il tuo amico ha cercato di essere divertente, ma non è riuscito a farmi ridere.

3. Questo libro ha ricevuto un prestigioso premio, ma io non l'ho trovato così interessante.

4. La mia macchina è abbastanza vecchia, ma il suo motore funziona ancora abbastanza bene.

5. Ho lavorato molto in ufficio, ma non sono particolarmente stanca.

6. Oggi c'è il sole, ma il clima è abbastanza rigido.

7. Le cartucce della stampante sono quasi esaurite, ma sono riuscito ugualmente a stampare questo documento.

8. Roberto si è preparato e ha studiato tantissimo, ma non è riuscito a superare l'esame.

9. Ormai conosco molto bene Roma, ma ho sempre voglia di ritornarci.

1 Trasforma le frasi introdotte da "anche se" come nel modello, usando il **congiuntivo presente**.

Es.: Anche se non sei d'accordo, lo farò ugualmente.

> *Che tu sia d'accordo o no, lo farò ugualmente.*

1. Anche se non lo accetti, ci andrò ugualmente.

2. Anche se non ti fa piacere, inviterò Giulia.

3. Anche se non vuole, il direttore dovrà concedermi un aumento.

4. Anche se non ci credete, questa è la verità.

5. Anche se non ti convince, questa è l'unica soluzione.

6. Anche se non lo volete, dovrete accettare le condizioni del nuovo contratto.

7. Anche se non ci riesci, devi provarci ugualmente.

8. Anche se i tuoi genitori non vogliono, dovranno accettare le tue scelte.

9. Anche se voi non ci siete, la festa si farà ugualmente.

10. Anche se non ti piace, devi fare questo lavoro.

Perché: finale o causale?

...Lavoriamo **perché** l'Europa **torni** ad essere un grande sogno...

Dal discorso di insediamento di Laura Boldrini, eletta Presidente della Camera nel 2013.

Nel primo esempio, la Presidente della Camera dei Deputati invita tutti i parlamentari a lavorare per realizzare un obiettivo comune espresso dalla frase dipendente "*perché l'Europa **torni** ad essere un grande sogno*". Si tratta di una "frase *finale*"; in questo caso la congiunzione "**perché**" può essere sostituita da "**affinché**" e regge il congiuntivo.

Ora osserviamo quest'altra frase:

Dobbiamo lavorare tutti **perché** è necessario risolvere i grandi problemi dell'Europa.

La necessità di risolvere i problemi dell'Europa, in questo caso, è la **causa** del "dover lavorare tutti", il verbo della dipendente è all'**indicativo**.

La congiunzione "**perché**", dunque, può essere seguita dal **congiuntivo** o dall'**indicativo** quando assume significati diversi.
Quando introduce la **causa** regge l'**indicativo**, quando introduce **il fine** (lo scopo, l'obiettivo) regge **il congiuntivo**.
Sul piano logico questo è abbastanza facile da spiegare. La causa esiste prima della sua conseguenza, quindi è reale (indicativo). Il fine o lo scopo non sono reali, ma devono ancora essere realizzati, quindi sono potenziali (congiuntivo). Lo scopo che si vuole realizzare è ancora una volta espressione della nostra volontà, è qualcosa che vogliamo raggiungere e questo motiva l'uso del modo congiuntivo.

1 Completa con i verbi coniugati all'indicativo o al congiuntivo al tempo appropriato.

1. Dobbiamo impegnarci perché non (esserci) _____ più ingiustizie così grandi nella nostra società.

2. Gli studenti ascoltavano con molta attenzione perché la lezione (essere) _____ particolarmente difficile.

3. Abbiamo spostato la data della riunione della settimana prossima perché tutti (potere) _____ partecipare.

4. Dobbiamo sbrigarci perché questo lavoro (dovere) _____ essere terminato entro oggi.

5. Dobbiamo collaborare perché questo lavoro (terminare - passivo) _____ il prima possibile.

6. È necessario rendere pubbliche queste informazioni perché tutti i cittadini (sapere) _____ la verità su questa delicata questione.

7. La nuova amministrazione cittadina ha garantito che farà il possibile perché (migliorare) _____ la qualità dei trasporti urbani.

8. Siamo arrivati in ritardo alla stazione perché, come al solito, tu (perdere) _____ troppo tempo per prepararti.

9. Secondo me devi parlare con Stefania perché lei non (interpretare) _____ male il tuo silenzio e (offendersi) _____.

10. Non ho potuto inviarti questa mail ieri, perché il mio computer (essere) _____ rotto.

Che o come?

Nel testo presentato possiamo notare che la congiunzione "**come**" dopo il verbo "**indica**" sostituisce la congiunzione "**che**".
Se la frase dipendente fosse introdotta da "che", il verbo sarebbe all'indicativo:
"*indica* **che** *nel suo complesso la società* **sta** *mutando*".
Infatti, con verbi che reggono generalmente l'indicativo (come "indicare"), se cambiamo la congiunzione e **usiamo "come" invece di "che"**, il verbo della dipendente sarà al congiuntivo.
Questa struttura si ritrova spesso con verbi come:

Quando con il salario non si arriva a fine mese

La povertà crescente di fasce di popolazione che in altri tempi si sarebbero considerate estranee alle difficoltà che oggi sono invece costrette a vivere quotidianamente, indica come nel suo complesso la società stia mutando.

Cantiere FENEAL, 2011

> spiegare, indicare, far capire, mostrare, illustrare, evidenziare, constatare, osservare, ecc.

1 Trasforma come nell'esempio:

Es.: Questi esempi illustrano chiaramente che, in questo tipo di frasi, si deve usare il congiuntivo.

Questi esempi illustrano chiaramente come, in questo tipo di frasi, si debba usare il congiuntivo.

1. Alla conferenza, il relatore spiegava che le cause del fenomeno erano molto complesse.

2. Si può vedere chiaramente che l'esperimento è perfettamente riuscito.

3. I dati statistici illustrano che i comportamenti sociali sono profondamente cambiati.

4. La poca preparazione della classe evidenzia che la qualità dell'insegnamento è stata scarsa.

5. Dobbiamo purtroppo constatare che questa strategia di mercato si è rivelata fallimentare e le nostre vendite sono diminuite notevolmente, proprio a causa delle nostre scelte inappropriate.

La frase relativa al congiuntivo

*"Io da anni urlavo quasi: ma è possibile che non si possa fare un film su una donna qualunque, **che non sia bella, non sia giovane**... perché non un film su una donna della strada **che non sia diva, falsa**? Quando vennero a leggermi il copione di "Roma città aperta", ci siamo, pensai, questo è meraviglioso".*

Dalla quarta di copertina di "*Nannarella - Il romanzo di Anna Magnani*",
Giancarlo Governi, Minimum fax

Con queste parole Anna Magnani definisce il tipo di donna che, secondo lei, il cinema avrebbe dovuto rappresentare: la donna comune, semplice, l'antidiva.

L'uso del congiuntivo nelle frasi relative in grassetto è dovuto al fatto che il tipo di donna di cui parla **non è** in quel momento **una realtà** nel cinema; **il congiuntivo serve a definire le caratteristiche e le qualità che la donna** rappresentata nel cinema **dovrebbe avere**, secondo la grande attrice. Un'immagine di donna "che non **sia** bella, non **sia** giovane... non **sia** diva, falsa". Questo tipo di donna non esiste nel cinema (realtà), ma è l'immagine che ne ha la Magnani (potenzialità, possibilità).

L'esempio esprime chiaramente il significato di una frase relativa al congiuntivo.

Si può sintetizzare il pensiero della Magnani con queste due semplici frasi:

- Il cinema rappresenta in genere donne **che sono** belle, **sono** giovani, **sono** dive false (questa è la realtà)

- Perché il cinema non rappresenta donne **che non siano** belle, **non siano** giovani, **non siano** dive? (questo è **quello che la Magnani vorrebbe**)

Entrambe le frasi sono relative: la prima con l'indicativo, la seconda con il congiuntivo.

L'uso dei due diversi modi verbali sottolinea il passaggio dal piano della **realtà** a quello della **possibilità/potenzialità**.

Il congiuntivo nelle frasi relative è tipico del linguaggio politico, sociologico, sindacale, in cui si esprime una visione ideale e si fa riferimento alle qualità o **caratteristiche potenziali** di qualcosa o qualcuno, qualità che vanno ricercate o perseguite.

Esempi
"...un sistema scolastico, che **garantisca** il diritto allo studio"
"...riforme economiche che non **penalizzino** i più deboli"
"...una città che non **presenti** barriere architettoniche"

Cerco qualcosa, qualcuno che...

Cerco un centro di gravità permanente,
che non mi faccia mai cambiare idea
sulle cose e sulla gente...

Franco Battiato, *Bandiera bianca*,
(Battiato, EMI Italiana)

Volontariato
BAMBINI COI FIOCCHI

A.A.A. Cercasi più
di quattromila volontari
che dal 1° al 24 dicembre
realizzino i pacchetti
regalo di 57 librerie
in trenta città d'Italia.
Raccogliendo intanto
offerte per Mani Tese, ong
che dal 1964 combatte la fame e gli
squilibri tra Nord e Sud del mondo.
L'associazione userà questi fondi
per promuovere l'istruzione dei
bambini in Cambogia, Bangladesh,
India, Brasile. Chi vuole partecipare
scriva a *volontari@manitese.it*.

Il Venerdì di Repubblica, 02/11/2012

Come puoi notare, nei versi della canzone e nel piccolo inserto giornalistico, una **frase relativa al congiuntivo** spesso è introdotta da verbi come "cercare", "desiderare", "volere" ecc.

1 Collega le frasi principali della colonna A con quelle dipendenti della colonna B.

A

1. Vogliamo un governo che
2. Cerco un libro che
3. Desidero una bibita che
4. Cerchiamo un bar che
5. Cerco un'agenzia immobiliare che
6. Cerco una segretaria che

B

a. non contenga zucchero e mi disseti veramente.
b. abbia ottime conoscenze informatiche.
c. garantisca serietà e affidabilità.
d. tratti argomenti legati alla condizione giovanile.
e. sappia risolvere i problemi dei cittadini.
f. abbia dei tavolini all'aperto.

2 Combina le frasi principali della colonna A con le frasi relative secondarie della colonna B e riscrivile negli spazi sotto, coniugando i verbi evidenziati al congiuntivo presente.

A

Cerco un bravo professore di latino che

Cerco una scuola di lingue in cui

Cerco una badante che

Cerco una nuova casa che

Cerco un vestito per un'occasione importante che

Cerco una macchina che

Cerco collaboratori professionali che

B

avere un ampio giardino e **essere** ben collegata al centro.

essere sicura, **avere** una bella linea e **consumare** poco.

dare ripetizioni a mio figlio e **appassionarlo** alla materia e allo studio dei classici.

essere elegante, ma non vistoso e non **costare** troppo.

garantire serietà, efficienza e competenza nel lavoro.

occuparsi dei miei genitori anziani.

insegnare (alla forma impersonale) con una metodologia aggiornata

1. _____

2. _____

3. _____

4. _____

5. _____

6. _____

7. _____

3 Leggi l'annuncio che si rivolge direttamente e con tono informale ("tu") ai potenziali interessati alla proposta di lavoro. Prova a trasformare la parte di testo evidenziata, con uno stile più formale, usando il **congiuntivo presente**, introdotto da "cerchiamo neolaureati che…".

Republica, 02/02/2012

VUOI DIVENTARE UN MANAGER?

Cerchiamo neolaureati per costruire il futuro.

Hai meno di 26 anni? Sei in possesso di una laurea in economia e commercio, economia aziendale o ingegneria gestionale? Conosci benissimo la lingua inglese? Hai spiccate attitudini commerciali? Puoi far valere ottime capacità comunicative e relazionali?

Assumiamo 30 giovani da avviare a un percorso di manager internazionale.

Cerchiamo neolaureati che…

Cerco qualcuno che...

4 Ora completa i profili professionali con le informazioni date, usando verbi al **congiuntivo presente.**

COLLABORATORE PER UN'AZIENDA

In un'azienda offrono un posto di lavoro. Questi sono i requisiti che il candidato deve avere:
- età inferiore a 28 anni
- laurea in economia
- patente
- lingue: inglese + un'altra lingua europea
- ottime conoscenze informatiche
- disponibilità a viaggiare anche all'estero

In quest'azienda cercano qualcuno che:

Abbia meno di 28 anni ...

Una famiglia cerca un/una baby-sitter che ...

BABY-SITTER

Queste sono le qualità che la persona deve avere:
- parlare inglese
- essere paziente
- amare i bambini
- aiutare i bambini a fare i compiti

INSEGNANTE D'INGLESE

Queste sono le qualità richieste:
- essere madrelingua
- conoscere tecniche didattiche aggiornate
- far praticare molto la lingua orale

Una scuola di lingue cerca un/un'insegnante di inglese che ...

Una famiglia cerca una collaboratrice familiare che ...

COLLABORATRICE FAMILIARE

Queste sono le qualità richieste:
- essere disponibile dal lunedì al sabato
- occuparsi dell'intera gestione della casa
- saper cucinare
- andare a prendere i bambini a scuola.

Congiuntivo con indefiniti

> *"Il futuro è qualcosa che ciascuno raggiunge alla velocità di 60 minuti all'ora, **qualunque** cosa **faccia** e **chiunque sia**."*

❖⋯ Clive Staples Lewis

Quest'aforisma è stato letto durante il tradizionale concerto del 1° maggio 2012, a Roma, dall'attore Francesco Pannofino che, insieme ad altri personaggi dello spettacolo, eseguiva letture sul tema del "futuro".

I temi che facevano da sfondo al concerto erano quelli del lavoro, delle garanzie sociali, della crisi economica e delle prospettive per i giovani.

Ci sembra utile proporlo come esempio dell'uso del congiuntivo in dipendenza da pronomi, aggettivi o avverbi indefiniti: **chiunque**, **qualunque**, **qualsiasi**, **comunque**, **dovunque**.

CONTROMANO
di **CURZIO MALTESE**

PER IL NUOVO GOVERNO
IL VERO TESORETTO
È L'EVASIONE FISCALE

S i tratti di Mario Monti o di un politico, della cuoca di Lenin o di Harry Potter, chiunque **voglia** davvero risanare i conti italiani deve concentrare tutti gli sforzi su un obiettivo: la lotta all'evasione fiscale.

Il Venerdì di Repubblica, 18/11/2011

ZONA CRITICA
di **FRANCESCO PICCOLO***

COM'È INTELLIGENTE
«SUPERQUARK»:
ANCHE TROPPO
PER NOI MORTALI

O gni volta che guardi *Superquark* dici ad alta voce a chiunque **stia** in casa: vieni a vedere, stasera è interessantissimo.

Il Venerdì di Repubblica, 15/07/2011

> *Che tu ci sia o non ci sia*
> *Ormai è la stessa cosa,*
> *comunque **sia** ho la nostalgia.*

Patrizia Cavalli, *Poesie*, Einaudi

"Qualunque cosa tu **faccia** con il tuo televisore, il canone è un'imposta obbligatoria legata al suo possesso."

Pubblicità sul canone della Rai

Chiunque, qualunque, dovunque...

1 Completa con i verbi al **congiuntivo presente**.

1. Qualunque decisione tu (prendere) _____, sarò al tuo fianco.

2. Ovunque tu (andare) _____, ti seguirò.

3. Chiunque (volere) _____ partecipare al concorso, dovrà consegnare la documentazione entro il 30 gennaio.

4. Comunque (andare) _____, sono contento di aver cambiato lavoro.

5. Qualunque cosa io (dire) _____, lui mi contraddice.

6. Qualunque (essere) _____ l'esito della gara, sono felice di aver partecipato.

7. Qualsiasi strada tu (intraprendere) _____, sono sicuro che avrai molto successo.

8. Qualsiasi cosa (accadere) _____, non scoraggiarti mai!

9. Qualsiasi domanda ti (fare) _____, rispondile con la massima sincerità.

10. Chiunque (avere) _____ più di 65 anni, può viaggiare gratis sui mezzi di trasporto pubblico.

2 Seleziona l'indefinito appropriato:

1. **Qualunque / Dovunque** sia la tua scelta, vedrai che Marta la accetterà.

2. **Qualsiasi / Chiunque** vada al governo, la situazione non cambierà.

3. **Comunque / Dovunque** finisca questa storia, non mi pento di averla vissuta.

4. **Comunque / Dovunque** mi mandino, accetterò il trasferimento.

5. **Chiunque / Qualsiasi** cosa io faccia, per te è sempre sbagliata!

6. **Chiunque / Qualunque** conosca Gianni, sa che è una persona gentile e disponibile.

7. **Qualsiasi / Comunque** soluzione voi abbiate escogitato, a mio avviso non basterà a risolvere un problema così grande.

Congiuntivo con superlativi e comparativi

Ma per fortuna che c'è il Riccardo
Che da solo gioca a biliardo
Non è di grande compagnia
Ma è il più simpatico che ci sia

Giorgio Gaber, *Il Riccardo*
(Gaber, Vedette)

1 Completa le frasi coniugando i verbi al congiuntivo passato.

Es.: È il dolce più buono che io (mangiare) _abbia mangiato_

1. È il libro più bello che io (leggere) _____
2. È la città più interessante che noi (visitare) _____
3. È il film più commovente che io (vedere) _____
4. È l'amico più sincero che lui (incontrare) _____
5. È la decisione più stupida che voi (prendere) _____
6. È la scelta più sbagliata che loro (fare) _____
7. È la lingua più difficile che io (studiare) _____
8. È il vino migliore che io (bere) _____
9. È il regalo più gradito che io (ricevere) _____
10. È il vestito più elegante che tu (indossare) _____

2 Riformula le seguenti frasi secondo l'esempio usando il congiuntivo presente o passato.

Es.: Ho mangiato molti cioccolatini. I più buoni erano belgi.
*I cioccolatini più buoni che io **abbia mai mangiato** erano belgi.*

1. Maria e Tommaso hanno avuto molte case. La più bella era in collina, con una vista stupenda.
   _____

2. Ho sostenuto molti esami. Il più difficile è stato anatomia.
   _____

3. Ho letto molti libri. Il più significativo è stato "Il Gattopardo".
   _____

4. Hanno commesso molti errori. Il più grave non è nel calcolo ma nella progettazione.
   _____

5. La Sicilia è stata colpita da molti terremoti. Il più forte è stato quello di Messina del 1908.
   _____

6. Ho comprato diversi vini. Il più caro era piemontese.
   _____

7. Ho viaggiato molto in aereo. Il viaggio più lungo è durato 11 ore.
   _____

Non c'è nessuno/niente che... / È l'unico che...

In questo articolo si può notare la frase: "**Non esiste** *uomo o donna o bambino, …* **che non conosca** *Leonardo da Vinci…*" Si tratta di un congiuntivo in frase relativa introdotto da una principale che esprime un valore negativo (*Non esiste uomo… che… + congiuntivo*). Equivale ad altre frasi come queste: *non c'è nessuno/niente che*, che reggono ugualmente il congiuntivo.

Nota anche la frase "*del ritratto più ambiguo che la storia ricordi*", uso già trattato nella pagina precedente.

Ecco perché la pubblicità ne ha fatto un testimonial

IL COMMENTO

di **ANTONIO STEFFENONI***

Insomma, Leonardo furoreggia. Acchiappa, si direbbe in termini pubblicitari. Il grande artista da Vinci sembra essere un testimonial ideale, diretto o indiretto, di campagne pubblicitarie. E, infatti, è stato usato un'infinità di volte. Acque minerali, shampoo, benzine, bagnoschiuma, lavatrici e eventi automobilistici hanno fatto man bassa del ritratto più ambiguo che la storia ricordi, l'hanno stravolto, sconvolto, omaggiato e oltraggiato a piacimento.

Ma perché Leonardo suscita tanto interesse nel pubblico e nella mente dei pubblicitari? E, soprattutto, perché questo interesse, una volta timido, si sta diffondendo sempre più? Prima di tutto, naturalmente, c'è la notorietà indiscussa del soggetto. Non esiste uomo o donna o bambino, per ignorante che sia, che non conosca Leonardo da Vinci, e questo per chi fa pubblicità è la conditio sine qua non. Un personaggio universalmente noto accorcia i tempi di ricezione di un messaggio.

Antonio Steffenoni, *il Venerdì di Repubblica*, 03/02/2012

Congiuntivo, che passione! **115**

1 Inserisci nel testo i seguenti verbi coniugati
al **congiuntivo presente** o **passato**:

> ricordare • prendere
> indossare • pensare
> percorrere • sedersi • riportare
> ricevere • guardare

Nulla che valga la pena

Non c'è giorno in cui io non _____ a lei

non c'è strada che io non _____ già _____ insieme a lei

non c'è bar dove non _____ a bere un caffè con lei

non c'è spiaggia dove non _____ il sole con lei

non c'è vetrina che non _____ con lei

non c'è musica che non mi _____ lei

non c'è vestito o camicia o maglia che non _____ per lei

non c'è messaggio o lettera che io _____ senza sperare che arrivasse da lei

non c'è un singolo pensiero che non mi _____ indietro da lei

e mi domando come faccia il sole a sorgere e la luna
perché continui a brillare se non c'è più lei.

2 Trasforma le frasi come nel modello:

Es.: Tutte le bambine amano il colore rosa, Arianna no.
Arianna è l'unica bambina che non ami il colore rosa.

1. Tutti gli altri appartamenti hanno un balcone, questo no.
   _____

2. Nessuno mi capisce, lei sì.
   _____

3. Tutti mi hanno fatto gli auguri per il compleanno, tranne Marco.
   _____

4. Tutti i ragazzi del gruppo hanno la patente. Claudio no.
   _____

5. Tutti i suoi compagni di classe giocano a calcio, Tommaso no.
   _____

6. Tutti mi stanno a sentire, tranne te.
   _____

7. Tutte le scarpe con i tacchi alti non mi piacciono, tranne queste.
   _____

«Il mio strumento è misterioso e magico, assai più di quanto si creda. Grazie alla sua poesia instaura un dialogo intimo con le emozioni di chi lo ascolta»

Milos Karadaglic

D, Repubblica, 25-02-2012

Completa i brevi dialoghi coniugando i verbi tra parentesi al **congiuntivo presente, passato** o **imperfetto**.

1. ● Hai visto quante sciocchezze sta facendo Luigi negli ultimi tempi?
   ● Eh, sì! Hai proprio ragione. È più stupido di quanto **(io - pensare)** _____.

2. ● E allora, ti piace Londra?
   ● Sì, moltissimo. È più bella di quanto io **(immaginare)** _____.

3. ● L'hai letto questo libro?
   ● Sì, l'ho appena finito. È meno interessante di quanto **(io - credere)** _____.

4. ● Davide, che ne pensi di questo Liceo Classico? È veramente così difficile?
   ● Beh, che dire? Bisogna studiare tanto, ma mi sembra meno difficile di quanto io e i miei compagni **(immaginare)** _____.

5. ● Non ci capisco niente in questo libretto di istruzioni!
   ● Dammi qua, ci penso io!
   ● Guarda che è molto più difficile di quanto tu non **(credere)** _____.

6. ● Come va tra Claudia e Lorenzo? Sono sempre in crisi?
   ● Direi proprio di sì, la situazione è ben peggiore di quanto voi **(potere)** _____ immaginare. Stanno per lasciarsi.

7. ● La crisi non accenna a diminuire, il paese va a rotoli e questo governo sembra impotente.
   ● La verità è che bisogna fare di più di quanto non si **(fare)** _____ finora.

Ha la mente già tesa all'impresa
sull'oceano profondo,
caravelle e una ciurma ha concesso,
per quel viaggio tremendo,
per cercare di un mondo lontano
*ed incerto che **non sa se ci sia***
ma è già l'alba
e sul molo l'abbraccia una raffica di nostalgia.
E naviga, naviga via
verso un mondo impensabile
ancora da ogni teoria
e naviga, naviga via,
nel suo cuore la Niña, la Pinta e la Santa Maria.

Francesco Guccini, *Cristoforo Colombo*
(Guccini Capitol EMI)

1 Nella canzone di Guccini, Cristoforo Colombo viaggia verso l'ignoto. Non sa ancora che sbarcherà sulle coste del continente americano. Naviga "per cercare di un mondo

lontano ed incerto che **non sa se ci sia**". Possiamo immaginare nella sua mente una grande domanda come questa: "C'è un mondo oltre questo oceano?" Nella canzone, però, **la domanda è espressa in forma indiretta** ed è introdotta dalla frase principale "**non sa se**" che, come puoi notare, **regge il congiuntivo**.

2 Ora un esempio dalla letteratura dove la frase principale contiene il verbo "chiedere", più frequentemente usato per introdurre **interrogative indirette**. Nota anche questa volta l'uso del congiuntivo nella dipendente:

*Arrivati a casa, dopo un viaggio nel più totale silenzio, il fabbro **chiese** al bambino **quanti** anni **avesse**, e lui rispose che ne aveva nove, o almeno così gli avevano detto all'orfanatrofio.*
Poi disse che sapeva scrivere e leggere, male ma sapeva leggere, senza fretta.

❖⋯ Marcello Fois, *Stirpe*, Einaudi

Indicativo o congiuntivo?

3 Molto interessante l'esempio seguente, tratto da una canzone molto famosa di Francesco Guccini, in cui dopo il verbo "**non so**"nella frase principale, il cantante usa prima il **congiuntivo** ("che viso avesse") e poi l'**indicativo** ("e neppure come si chiamava") – certamente per ragioni metriche e musicali. Tuttavia questo uso apparentemente incoerente ci conferma che nelle **interrogative indirette** la lingua italiana **oscilla tra i due modi**: congiuntivo / indicativo.

Non so che viso avesse e neppure come si chiamava
con che voce parlasse con quale voce poi cantava,
quanti anni avesse visto allora
di che colore i suoi capelli
ma nella fantasia ho l'immagine sua
gli eroi son tutti giovani e belli
gli eroi son tutti giovani e belli.

Francesco Guccini, *La locomotiva,*
EMI italiana

4 Ed ora passiamo ad esaminare un brano letterario:

Herbert James Draper, *Ulisse e le sirene,* 1909

Mi sono domandato tante volte come mai l'acqua del mare è salata mentre l'acqua dei fiumi che si versano nel mare non lo è, e nemmeno la pioggia che cade dal cielo è salata. Non ho mai trovato una risposta e mi faccio di nuovo questa domanda mentre, risvegliato dal vento dopo un lungo sonno, sto seduto sulla costa sassosa di questa terra che dovrebbe essere Itaca, ma che ora non riconosco.

Mi guardo intorno smarrito perché non riconosco né la costa sassosa, né questa terra arida coperta di alberi spogliati dai venti marini, né l'orizzonte delle montagne, né questo cielo colore del mare. E mi domando ancora da dove vengano questi frammenti di pietra rossa e porosa portati qui dalle piogge che scendono a precipizio lungo la montagna. A ogni temporale c'è un pezzetto di mondo che se ne va portato in mare dall'acqua che trascina giù terra e sassi, che scava fossi e mette a nudo le radici degli alberi. A un certo punto scompariranno le isole e le montagne e, colmato di terra, il mare diventerà una grande pianura?

Luigi Malerba, *Itaca per sempre,* Mondadori

Il brano alla pagina precedente è l'incipit del romanzo *Itaca per sempre* di Luigi Malerba, una rivisitazione in chiave moderna del mito di Ulisse. L'eroe greco, dopo la sua lunga odissea, si ritrova sulle coste della sua Itaca. È smarrito e sembra non riconoscere quella terra che non vede da dieci anni.

Il brano comincia con "**Mi sono domandato** tante volte come mai…". Può sorprendere l'uso dell'indicativo nel verbo della dipendente ("è salata").
Più avanti invece troviamo ancora un verbo che introduce un'interrogativa "**E mi domando ancora** da dove…". Questa volta il verbo della dipendente è al congiuntivo ("**vengano** questi frammenti").
L'autore usa indifferentemente i due modi, dimostrando che l'oscillazione tra indicativo e congiuntivo nelle interrogative indirette è comune anche nella lingua scritta e corrisponde a libere scelte stilistiche dell'autore.

Ma, se guardiamo più attentamente, possiamo notare delle sottili differenze:

"Mi sono domandato tante volte **come mai l'acqua del mare è salata**…."
"E mi domando ancora **da dove vengano questi frammenti di pietra** rossa e porosa…"

In realtà le due frasi presentano una sfumatura di significato differente. Nel primo caso, il fatto che l'acqua marina sia salata è risaputo, in realtà l'acqua è salata anche se non sappiamo perché. Nel secondo caso, un più fitto mistero avvolge la provenienza dei frammenti portati dalle piogge e dai torrenti.

Quali congiunzioni?

Come puoi notare le frasi interrogative indirette, nei testi presentati, sono introdotte da elementi interrogativi:

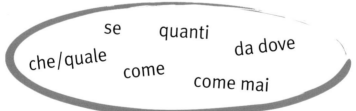

Possiamo aggiungerne molti altri come:

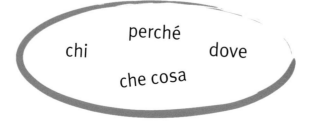

1 Trasforma le domande dirette in frasi interrogative indirette, secondo il modello e poi volgi al passato.

Es.: *Chi è?*

1. *Dove va?*
2. *Come si chiama?*
3. *Quanti anni ha?*

4. *Cosa fa?*
5. *Che scuola frequenta?*
6. *Da dove viene?*
7. *Perché mi sta guardando?*

Es.: _Mi domando chi sia_____
1. _____
2. _____
3. _____
4. _____
5. _____
6. _____
7. _____

Es.: _Mi domandavo chi fosse_____
1. _____
2. _____
3. _____
4. _____
5. _____
6. _____
7. _____

Es.: *Chi ha mangiato tutti i biscotti?*

1. *Chi ha composto quel brano musicale?*
2. *Chi le ha regalato quella brutta maglietta?*
3. *Dove ha messo le mie scarpe?*

4. *Perché ha fatto una tale sciocchezza?*
5. *Ha letto il mio messaggio?*
6. *Come ha potuto prendere quella decisione?*

Es.: _Mi domando chi abbia mangiato tutti i biscotti_____
1. _____
2. _____
3. _____
4. _____
5. _____
6. _____

Es.: _Mi domandavo chi avesse mangiato tutti i biscotti_____
1. _____
2. _____
3. _____
4. _____
5. _____
6. _____

2 Completa le frasi con i verbi coniugati al **congiuntivo presente, passato, imperfetto o trapassato.**

1. Non riesco davvero a spiegarmi cosa ci **(trovare)** _____ Giovanni in quella donna e perché ne **(essere)** _____ tanto innamorato. A me sembra una persona così banale!

2. Non so se la segretaria **(comunicare)** _____ già l'orario delle lezioni agli studenti.

3. Non capisco come **(fare)** _____ Francesco a rompere questa sedia. Era una sedia solida e di alta qualità.

4. Il professore si domandava come mai i ragazzi quel giorno lo **(ascoltare)** _____ con tanta attenzione, ma era felice di quel miracolo!

5. Mi chiedo quanto **(spendere)** _____ i Nardini per restare due settimane in quell'esclusivo albergo a cinque stelle.

6. Non so dirti perché Marta **(decidere)** _____ di licenziarsi. Forse era stanca di quell'orario di lavoro che la costringeva ad alzarsi ogni giorno all'alba.

7. Non capisco da dove **(arrivare)** _____ tutta questa polvere. Ho fatto le pulizie ieri e i mobili sono tutti impolverati di nuovo.

8. Mi domando perché i cittadini non **(protestare)** _____ contro l'enorme aumento del costo della vita.

9. Tutti si chiedevano cosa **(spingere)** _____ Luigi ad abbandonare gli studi. Proprio lui che era stato sempre uno studente brillante!

10. Ieri alla festa ci chiedevamo chi **(essere)** _____ la donna con cui Stefano ha chiacchierato per tutta la serata. Nessuno di noi l'aveva mai vista prima.

3 Dopo aver letto il testo, riconosci tutti i verbi al congiuntivo contenuti in frasi interrogative indirette.

Da quale verbo nella principale dipendono le frasi interrogative indirette? Da quali elementi interrogativi vengono introdotte?

Individua anche, nel testo, una frase interrogativa indiretta con un verbo all'indicativo.

SE NON SCANDALIZZA L'ANTISEMITISMO IN UN MEGASTORE

In un paese che sta perdendo rapidamente ogni valore sociale e morale non ci si può più voltare dall'altra parte. Giorni fa, nella sede di Mediaworld dell'area veneziana, di fronte al pubblico in attesa di essere servito, un'impiegata dice al telefono: "Ma quello è un ebreo di m…". Testimone del civile enunciato è purtroppo mio figlio, il quale cortesemente chiede: "E se io fossi ebreo?". La signora, anziché scusarsi imbarazzata, rivendica la propria libertà di parola e chiede invece a mio figlio se egli sia davvero ebreo o se abbia solo voglia di fare polemica. E per provarlo gli chiede che cognome abbia, visto che lei dal cognome li sa riconoscere gli ebrei. A una prima analisi si dedurrebbe che contestare un atto di antisemitismo è di per sé un atto polemico e a farlo comunque può essere solo un ebreo. Ma la signora non si ferma, e aggiunge che ormai tutti si esprimono così, e in certi ambienti dei centri sociali si dice anche "negri di m…". La discussione continua così di fronte ai clienti, tra i quali un ebreo sconcertato e turbato, e a un capo reparto che va poi a riferire l'accaduto al direttore che, successivamente, contrito si scusa.

Si esce dall'azienda, e dal caso specifico, e ci si chiede in che società si stia vivendo, se ci sia ancora posto per minoranze e diversità; o se ci si debba rassegnare all'arroganza, agli insulti e all'ignoranza di chi si reputa al di sopra delle norme che regolano, anche sul piano del linguaggio, la convivenza civile. E ci si chiede anche se le aziende che offrono un servizio al pubblico si preoccupano di dare al loro personale una formazione che preveda qualche nozione di mediazione culturale: il rispetto del diverso, oltre che della persona in quanto tale. È sorprendente che qualcuno usi con indifferenza definizioni quali "ebreo di m…" o "negri di m…" senza che la sua stessa coscienza civile si rivolti e protesti. E le nostre istituzioni educative che ruolo svolgono? Forse bisogna rassegnarsi. Viviamo nell'epoca dei Borghezio, in cui i principi di convivenza, di solidarietà, la compassione stessa (etimologicamente intesa) hanno perso ogni senso. Ma è giusto lasciar correre sempre tutto?

Dario Calimani - Venezia

Repubblica, 03/08/2011

Verbi della principale	Verbi delle dipendenti interrogative indirette
1.	
2.	
3.	
4.	

Nella seconda colonna dell'articolo ci sono altri quattro verbi al congiuntivo. Cercali e inseriscili nella categoria giusta.

Retto da frase relativa		
Retto da frase impersonale		
Retto da congiunzione		

Anteposizione della dipendente

Repubblica, 06/09/2011

I lettori denunciano

Trasporti, sì a biglietti più cari ma solo se il servizio migliora

Che il servizio di trasporto pubblico della capitale non sia un'eccellenza lo si sa da tempo. È vero che il costo dei biglietti è tra i più bassi d'Europa. Al di là dell'indignazione per un aumento delle tariffe ove non accompagnato da un miglioramento del servizio, ritengo che questo sia inevitabile perché un basso costo, alla fine, costituisce un alibi per un servizio mediocre.

Sergio Antonelli

Osserva questa frase: "**Che** il servizio di trasporto pubblico della capitale non **sia** un'eccellenza **lo** si sa da tempo."

Come puoi notare, la frase dipendente precede quella principale.

Quando si inverte l'ordine sintattico della frase e **la dipendente è anteposta alla principale il verbo della dipendente è al congiuntivo**, sia che il verbo della principale lo richieda, sia che non lo richieda.

Infatti la frase sopra citata può essere riformulata in questo modo:

"**Si sa** da tempo che il trasporto pubblico della capitale non **è** un'eccellenza." (Il verbo sapere non richiede il congiuntivo)

Se modifichiamo il verbo della principale, usando ad esempio il verbo "pensare" o la struttura "si dice", avremmo :

"Da tempo **si pensa/si dice** che il trasporto pubblico della capitale non **sia** un'eccellenza."

I due verbi della principale richiedono, in questo caso, il congiuntivo.

---

1 Trasforma le frasi come nel modello:

> Nota bene che questa anteposizione della dipendente prevede l'uso del pronome "lo" con valore di ripresa pronominale.

Es.: **Tutti sanno** che il governo non **intende** varare subito queste riforme.

> *Che il governo non **intenda** varare subito queste riforme, lo sanno tutti.*

1. Tutti sanno che Marco non ha nessuna voglia di studiare.

2. Tutti sanno che quel ristorante è troppo caro.

3. Tutti sanno che quel professore è troppo severo.

4. Tutti sanno che questa università è molto prestigiosa.

5. Tutti sanno che Stefania ha un debole per Franco.

Il periodo ipotetico

Se...

Se...

Se...

Se ora tu bussassi alla mia porta
e ti togliessi gli occhiali
e io togliessi i miei che sono uguali
e poi tu entrassi dentro la mia bocca
senza temere baci disuguali
e mi dicessi: "Amore mio,
ma che è successo?", sarebbe un pezzo
di teatro di successo.

Patrizia Cavalli, *Poesie*, Einaudi

Se...

Se...

Se...

Il periodo ipotetico

Uso del congiuntivo nelle ipotesi

Un periodo ipotetico è una struttura composta da almeno due frasi.

Quando si formula un'ipotesi nella nostra mente accade questo: ipotizziamo una condizione senza la quale non si realizza una data conseguenza.

Condizione e conseguenza sono i termini usati nella lingua comune. In un linguaggio più specificamente grammaticale la condizione si chiama **protasi**, mentre la conseguenza si chiama **apodosi**.

L'elemento che lega le due parti è sempre una congiunzione ipotetica, e certamente la più comune e la più usata è la congiunzione "SE".

Tra le altre congiunzioni che introducono un'ipotesi ricordiamo: **qualora**, **nel caso in cui**, **in caso,** che abbiamo già trattato tra le congiunzioni che reggono il congiuntivo.

Vogliamo fornirvi alcuni criteri per distinguere il significato delle ipotesi a cui corrisponde un certo uso dei modi (indicativo, congiuntivo o condizionale) e dei tempi.

Un periodo ipotetico può essere di tre tipi, a seconda del grado di possibilità che si avveri la condizione:

- **PERIODO IPOTETICO DELLA REALTÀ**
- **PERIODO IPOTETICO DELLA POSSIBILITÀ**
- **PERIODO IPOTETICO DELL'IRREALTÀ**

PRIMO TIPO (REALTÀ)

Si usa il **modo indicativo** per esprimere sia la condizione che la conseguenza.

Esempi
- Se **mangio** troppo la sera, non **riesco** a dormire bene.
- Se **hai finito** i compiti, **puoi uscire** a fare una passeggiata.
- Se **studi**, **supererai** l'esame.
- Se **verrai** con noi, **ti divertirai**.

SECONDO TIPO
(POSSIBILITÀ NEL PRESENTE E NEL FUTURO O IRREALTÀ NEL PRESENTE)

Si usa il **congiuntivo imperfetto** per esprimerete la condizione ed il **condizionale presente** per esprimere la conseguenza).

Esempi
- Se **avessi** tempo, **andrei** più spesso a correre al parco.
  (POSSIBILITÀ: non ce l'ho, ma potrei averlo)

- Se **guadagnassi** di più, **potrei** permettermi una casa più grande.
  (POSSIBILITÀ: guadagno poco, ma potrebbe accadere che io guadagnassi di più)

- Se **tornassi** indietro nel tempo, non **rifarei** molti dei miei errori.
  (IRREALTÀ: non posso tornare indietro nel tempo, ma lo posso immaginare)

Da notare che talvolta, nell'uso più formale, le ipotesi che si considerano non realizzabili vengono formulate con i tempi passati del congiuntivo (trapassato) e del condizionale (passato) anche quando sono riferite al presente o al futuro.

Esempio
- Se **fossi stato** più giovane, **sarei partito** insieme a loro con zaino e sacco a pelo.

TERZO TIPO
(IRREALTÀ RIFERITA AL PASSATO)

Si usa il **congiuntivo trapassato** per esprimere la condizione ed il **condizionale passato** per esprimere la conseguenza.

Esempi
- Se **avessi studiato** di più, **avrei superato** l'esame. (non ho superato l'esame)
- Se **avessi preso** l'ombrello, non **mi sarei bagnato**. (mi sono bagnato)

È molto importante sottolineare che spesso nel registro informale o colloquiale, questa struttura è sostituita da un periodo ipotetico che contiene l'**imperfetto indicativo** sia nella protasi che nell'apodosi.

Esempio
- "Perché non mi hai detto del concerto? **Se lo sapevo, ci venivo anch'io!**"

Questa forma semplificata, sempre più in uso nel parlato, è da evitare nello scritto e nel parlato formale e controllato. In tal caso la forma consigliata è:

Esempio
- "Perché non mi hai detto del concerto? Se lo avessi saputo, ci sarei venuto anch'io!"

PERIODO IPOTETICO MISTO

È possibile trovare talvolta periodi ipotetici che contengono modi e tempi diversi da quelli descritti sopra nella protasi e nell'apodosi.

È molto frequente l'uso dell'imperativo nell'apodosi, come si può vedere in questi esempi:

- Se **incontri** Mario, **digli** di chiamarmi!
- Se **dovessi** aver bisogno di soldi, **fammelo** sapere!

Oppure il trapassato congiuntivo nella protasi (riferimento al passato) e il condizionale presente nell'apodosi (riferimento al presente):

- Se **avessi dormito** di più, non **mi sentirei** così stanca.

In questi altri esempi, invece, si alternano congiuntivo e indicativo sia nella protasi che nell'apodosi:

- Se **prendevo** il treno delle otto, **sarei arrivata** in orario.
- Se mi **avessi detto** che stavi per arrivare, ti **aspettavo**.

Inoltre, si possono formulare ipotesi usando verbi al **modo indefinito** (gerundio, participio passato, infinito preceduto dalla preposizione "a"):

- **Volendo**, potremmo prendere un taxi.
  (se vogliamo / se volessimo)

- **A dire la verità**, non mi è sembrato così simpatico quel tipo.
  (Se devo dire la verità)

- Alcuni medicinali, **presi** a stomaco vuoto, fanno male.
  (se li prendiamo / se vengono presi)

Carlo Cassola, *La ragazza di Bube*, Mondadori

LA RAGAZZA DI BUBE

"No, Stefano." Era la prima volta che lo chiamava per nome. "Ormai lo abbiamo stabilito, che è l'ultima volta che stiamo insieme."

"E sia" disse Stefano. "Ma allora, **se proprio non ci dobbiamo più rivedere, permetta che le dica una cosa anch'io...**"

Le stava davanti in piedi: "Mara... io rimpiango di non averla conosciuta prima".

Ella abbassò gli occhi:

"Quando prima?"

"Quando era libera." E aggiunse: "Mara, mi dica una cosa sola: **se il suo cuore fosse stato libero, crede che avrebbe potuto avere della simpatia per me?**" Ella assentì con la testa.

"No, me lo dica guardandomi negli occhi." Mara obbedì macchinalmente e ripeté: "Sì".

"Grazie, Mara. Sarà una consolazione magra, ma mi fa piacere pensare che **se ci fossimo conosciuti in un'altra circostanza, anche lei avrebbe potuto volermi bene.** Perché io le ho voluto bene fin dalla prima volta."

Nel brano tratto dall'omonimo romanzo di Cassola, sono evidenziati tre tipi di periodo ipotetico.

Nel primo caso si tratta di una **circostanza legata al presente** (*"se proprio non ci dobbiamo più rivedere"*) ed eventualmente al futuro.

L'ipotesi è espressa al presente per quanto riguarda la condizione e all'imperativo per la conseguenza.

Nel secondo e terzo caso **le ipotesi sono proiettate nel passato**. Sono circostanze irrealizzabili perché il cuore di Mara non è libero (*"se il suo cuore fosse stato libero"*) e loro due non si sono conosciuti prima (*"se ci fossimo conosciuti in un'altra circostanza"*).

Si tratta perciò di **ipotesi irrealizzabili**, ma Stefano vuole ripercorrere all'indietro gli eventi e sapere se, mutando le condizioni, si sarebbero potute avere conseguenze diverse, ovvero se anche lei lo avrebbe potuto amare (*"avrebbe potuto avere della simpatia per me/anche lei avrebbe potuto volermi bene"*).

Come si può osservare, tutti i verbi delle ipotesi irrealizzabili sono al **passato** e si esprimono con **tempi composti**: **congiuntivo trapassato** e **condizionale passato**.

NURAGHE BEACH

E adesso, **se potesse**, **la porterebbe** a Carloforte. Perché non c'è posto più lontano di quello dal resto del mondo, perché è il posto più bello del mondo. Un'isola davanti alla Sardegna, nell'angolo a Sud ovest, quello meno conosciuto dai turisti, un popolo diverso da quello del resto della Sardegna, un posto di gente di Liguria, incastrato da secoli in quell'angolo di sud.

Flavio Soriga, *Nuraghe Beach*, Laterza

[...]

Adesso, **se potesse**, **andrebbe con lei** a fare colazione alla pasticceria di Cipollina, seduti sulla piazza a vedere arrivare e partire i traghetti, i paesani che si salutano e si conoscono tutti, senza eccezione possibile, e poi **andrebbe a mangiare il tonno**, un ristorante dopo l'altro per una settimana intera, adesso **se potesse partirebbe** subito.

Nel brano di Flavio Soriga le frasi evidenziate sono tre **periodi ipotetici della possibilità**. Esprimono un desiderio legato ad una condizione che nel momento in cui viene espressa non è reale, ma percepita come possibile, almeno sul piano del desiderio. Chi parla si riferisce alla donna che ama. Lei non è presente, ma lui vorrebbe che lo fosse e, con la forza dell'immaginazione, ipotizza uno scenario non reale ma fortemente desiderato.

Come si può osservare, **nelle ipotesi possibili**, i modi e tempi utilizzati sono il **congiuntivo imperfetto** e il **condizionale presente**.

Ipotesi nella canzone

Ecco una breve rassegna di stralci di canzoni italiane per accompagnarti a conoscere il periodo ipotetico attraverso una sequenza di melodie che appartengono alla memoria collettiva degli italiani. Puoi ascoltare i testi integrali delle canzoni in Internet.

1 Leggi i testi citati e distingui i diversi tipi di periodo ipotetico che essi contengono: primo tipo, secondo tipo, terzo tipo (realtà / possibilità / impossibilità), periodo ipotetico misto.

N.B.: una delle canzoni presentate contiene solo la protasi di un periodo ipotetico (condizione)

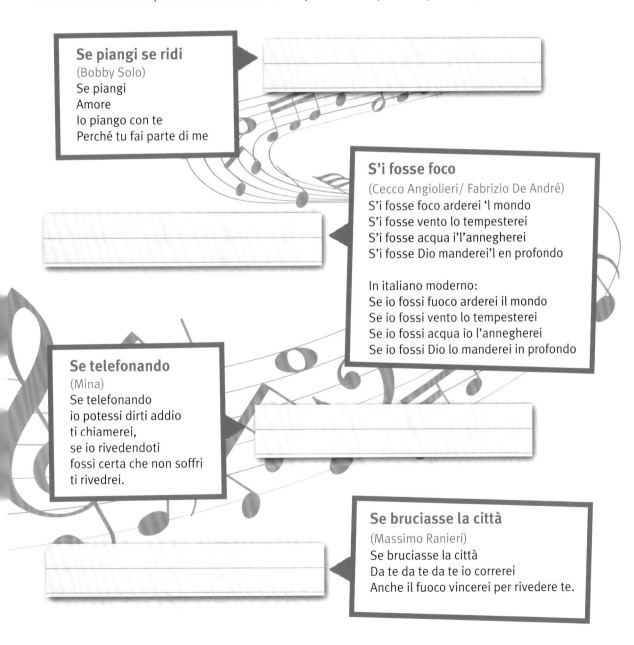

Se piangi se ridi
(Bobby Solo)
Se piangi
Amore
Io piango con te
Perché tu fai parte di me

S'i fosse foco
(Cecco Angiolieri/ Fabrizio De André)
S'i fosse foco arderei 'l mondo
S'i fosse vento lo tempesterei
S'i fosse acqua i'l'annegherei
S'i fosse Dio manderei'l en profondo

In italiano moderno:
Se io fossi fuoco arderei il mondo
Se io fossi vento lo tempesterei
Se io fossi acqua io l'annegherei
Se io fossi Dio lo manderei in profondo

Se telefonando
(Mina)
Se telefonando
io potessi dirti addio
ti chiamerei,
se io rivedendoti
fossi certa che non soffri
ti rivedrei.

Se bruciasse la città
(Massimo Ranieri)
Se bruciasse la città
Da te da te da te io correrei
Anche il fuoco vincerei per rivedere te.

Se fossi un angelo
(Lucio Dalla)
Se io fossi un angelo
chissà cosa farei
alto, biondo, invisibile
che bello che sarei
e che coraggio avrei
sfruttandomi al massimo
è chiaro che volerei.

Se mi lasci non vale
(Julio Iglesias)
Se mi lasci non vale
(se mi lasci non vale)
se mi lasci non vale
(se mi lasci non vale)
Non ti sembra un po' caro
il prezzo che adesso io sto per pagare

Se tu sapessi
(Luigi Tenco)
Se tu sapessi come ti amo
non cercheresti di dire parole
che voglion dire io non ti amo
quello che è triste è che tu non lo sai

Se perdo te
(Patty Pravo)
Se perdo te cosa farò
Io non so più restare sola
Ti cercherò e piangerò
Come un bambino che ha paura

E se domani
(Mina)
E se domani
e sottolineo "se"
all'improvviso perdessi te
avrei perduto il mondo intero
non solo te

Se io se lei
(Biagio Antonacci)

Se io fossi stato un po' meno distante
un po' meno orgoglioso un po' meno che
Se lei fosse stata un po' meno gelosa
un po' meno nervosa un po' meno eh
ma se io se lei sei io se lei
Se noi avessimo dato all'amore
la giusta importanza l'impegno il valore
Se noi...
amare vuol dire anche a volte
annullarsi per dare qualcosa in più
ma se io se lei sei io se lei
Se io se lei adesso dove sei
sotto quale cielo pensi al tuo domani
ma sotto quale caldo lenzuolo
stai facendo bene l'amore
sono contento ama ama e non femarti
e non avere nessuna paura e non cercarmi dentro a nessuno
Se io se lei...

Rimmel
(Francesco De Gregori)

Chi mi ha fatto le carte
mi ha chiamato vincente
ma uno zingaro è un trucco
e un futuro invadente
fossi stato un po' più giovane
l'avrei distrutto con la fantasia
l'avrei stracciato con la fantasia

Mille lire al mese
(Gilberto Mazzi)

Che disperazione, che delusione dover campar,
sempre in disdetta, sempre in bolletta!
Ma se un posticino domani cara io troverò,
di gemme d'oro ti coprirò!
Se potessi avere mille lire al mese,
senza esagerare, sarei certo di trovare
tutta la felicità!
[...]
Ho sognato ancora, stanotte amore l'eredità
d'uno zio lontano americano!
Ma se questo sogno non si avverasse,
come farò... il ritornello ricanterò!
Se potessi avere...

Se si potesse non morire
(Modà)

T'immagini se con un salto si potesse
Si potesse anche volare
Se in un abbraccio si potesse scomparire
E se anche i baci si potessero mangiare
Ci sarebbe un po' più amore e meno fame
E non avremmo neanche il tempo di soffrire
E poi t'immagini se invece
Si potesse non morire
E se le stelle si vedessero col sole
Se si potesse nascere ogni mese
Per risentire la dolcezza di una madre
e un padre
Dormire al buio senza più paure
Mentre di fuori inizia il temporale

Se qualcuno me lo avesse detto...

1 Come si può notare, il testo si apre con un'ipotesi ripetuta più volte e ruota intorno ad essa. Chi scrive sta riconsiderando il suo passato.

Nota e sottolinea tutte le ipotesi e le conseguenze.

Analizza le ipotesi trovate e definisci di quale tipo di **periodo ipotetico** si tratta.

SE QUALCUNO ME LO AVESSE DETTO PRIMA

Magari starei camminando su un altro sentiero, di fianco a un gaudente viveur velista

Elasti, D, Repubblica , 04/02/2012

Se qualcuno me lo avesse detto, non so se sarei qui ora. Forse sarei altrove e non seduta al tavolo della cucina, di fronte un computer e dietro un secchio ermeticamente chiuso, colmo di una sbobba maleodorante che fermenta e gorgoglia, perché mio marito, l'economista marxista barese, ha deciso che fare la birra in casa è un atto rivoluzionario e, quando la sbobba ha iniziato ad animarsi, è vigliaccamente partito per Londra, dove lavora e probabilmente distilla un'ancor più rivoluzionaria vodka.

Se qualcuno me lo avesse detto, avrei meditato più a lungo prima di lasciarmi alle spalle il punto di non ritorno e ritrovarmi a chiedere «Cosa ti piacerebbe per cena?» a Mariotereso, che vive dentro il muro, tra il calorifero e le pentole, ed è l'amico immaginario di mio figlio di mezzo.

Se qualcuno me lo avesse detto avrei esitato, avrei riflettuto, mi sarei interrogata sullo sguardo incredulo di mia madre, sulla lapidaria dichiarazione di mio padre («Mia figlia è pazza») e mi sarei fermata, almeno ogni tanto, durante quella folle corsa verso i miei sogni, riconsiderando, almeno un po', quel detto kamikaze «the more the merrier» che presuppone una correlazione tra numerosità e felicità e che è stato il mio faro negli ultimi dieci anni. Se qualcuno me l'avesse detto, ora, magari, starei camminando su un altro sentiero, avrei al fianco un gaudente viveur velista ed edonista, invece di un monaco trappista mangiatore di cicorie e produttore di birra prestato al marxismo analitico, avrei una figlia unica, eterea e slavata che suona il pianoforte e parla francese, invece di tre maschi sbrindellati con i piedi enormi da hobbit e una invidiabile padronanza del dialetto barese, avrei un lavoro accessorio e voluttuario, inutile ma gratificante. Me lo chiedo spesso, cosa sarebbe successo, se qualcuno mi avesse avvertita.

1 Immagina le seguenti situazioni e scegli la parte che completa il senso delle frasi.

1. Oggi piove, Anna guarda il cielo e pensa:
   Se smette di piovere...
   a. mi bagno
   b. posso uscire a giocare

2. La nonna le dice:
   Se esci con quei sandali...
   a. fammi uno squillo
   b. t'inzuppi

3. Elena, un'amica di Anna, pensa:
   Se oggi piove...
   a. non posso uscire
   b. mia mamma si arrabbia con me

4. La madre di Anna le dice:
   Se ti annoi...
   a. conta le pecore
   b. leggi un po' o fai i compiti

5. Anna chiede a sua madre:
   Se finisco i compiti...
   a. posso invitare Elena?
   b. posso bagnarmi fino all'osso?

6. La madre risponde di sì ed Anna chiama Elena. Elena risponde:
   Se mia madre torna...
   a. mi accompagna a casa tua
   b. smette di piovere

7. Anna ed Elena si incontrano e giocano insieme, la madre dice:
   Se vi comportate bene...
   a. ti metto in punizione
   b. Elena può rimanere a cena da noi

8. La nonna di Anna dice alle bambine:
   Se fate le brave...
   a. vi tolgo il saluto
   b. vi preparo la pizza con i funghi

2 Alessandro è uno studente liceale. La sua scuola si trova in centro e lui abita in periferia. Oggi c'è uno sciopero dei trasporti fino alle 17.00 e lui pensa a cosa potrebbe fare se…

Associa per ogni sua ipotesi (colonna A) una conseguenza (colonna B), scrivendo le lettere accanto ai numeri.

A

1. Se abitassi vicino alla scuola

2. Se oggi non avessi un esame importante

3. Se trovassi qualcuno che va nella mia stessa direzione

4. Se Mara, che abita vicino alla scuola, mi invitasse a casa sua

5. Se prendessi un taxi per tornare a casa

 B

a. potrei chiedergli un passaggio

b. non dovrei passare tutto il giorno fuori casa

c. mi costerebbe una fortuna

d. potrei anche saltare un giorno di scuola

e. potrei farmela a piedi

3 Trasforma le ipotesi reali in possibili e impossibili come nell'esempio:

Es.: Se **lavori** di più, **guadagni** di più.	*Se lavorassi di più, guadagneresti di più.*
	Se avessi lavorato di più, avresti guadagnato di più.
1. Se posso, vengo.	
2. Se mi ascoltate, capite.	
3. Se rileggi con calma quello che scrivi, puoi correggere gli errori.	
4. Se restiamo a casa, ci annoiamo.	
5. Se parti con me, mi fa veramente piacere.	
6. Se non lasciate sempre tutto in giro, la casa resta in ordine.	
7. Se prendono il treno delle 7.00, arrivano per le 12.00.	
8. Se lui mi chiede scusa, sono pronta a perdonarlo.	

4 Crea delle ipotesi coerenti con le situazioni date:

Es.: C'era molto traffico e sono arrivato in ritardo.

> *Se **non ci fosse stato** molto traffico, **non sarei arrivato** in ritardo (**sarei arrivato** in orario)*

1. Mariangela ha bevuto troppo ed ora si sente male.

2. Giovanni è uscito troppo tardi e ha perso l'autobus.

3. Sara non aveva soldi e non ha comprato una maglietta che le piaceva molto.

4. Luca e Marina si sono conosciuti ad una festa di compleanno.

5. Antonella si è riaddormentata dopo la sveglia ed è arrivata tardi al lavoro.

6. Quest'estate nessuno ha innaffiato le mie piante mentre ero in vacanza e le piante sono morte.

7. Ho dimenticato di comprare il riso e non posso preparare il risotto.

8. Sandro ha perso le chiavi e non può rientrare a casa.

5 Completa le ipotesi con i verbi al tempo e modo appropriati:

1. Se (**fermarsi - voi**) _____ a cena da noi, ci fa molto piacere.

2. Se tu (**essere**) _____ meno permalosa, non ti offenderesti per così poco.

3. Se (**continuare**) _____ a parlare in inglese, non riusciranno mai ad imparare l'italiano.

4. Se (**prendere**) _____ la metro, saresti arrivato in dieci minuti.

5. Se (**parlare - voi**) _____ tutti insieme, io non capisco niente.

6. Se il prezzo della benzina (**continuare**) _____ ad aumentare, comincerò ad andare a lavoro in bicicletta.

7. Se lo scorso fine settimana (**rimanere**) _____ in città, avresti potuto assistere a molti concerti gratuiti.

8. Se non (**dovere**) _____ correre al lavoro, rimarrei volentieri qui al bar con voi.

9. Se mi (**dire - voi**) _____ che ieri sera andavate proprio in quel locale che mi piace tanto, sarei venuta anch'io.

10. Se tutti (**impegnarsi**) _____ a tenere pulita la casa, io non dovrei passare tutto il sabato a fare pulizie.

11. Se Marta (**sospettare**) _____ che quell'agente immobiliare era un impostore, non gli avrebbe affidato la vendita del suo appartamento.

12. Se i lavoratori di quella ditta non (**accettare**) _____ il contratto di solidarietà, qualche dipendente sarebbe stato licenziato.

13. Se tu (**aprire**) _____ una birreria in questo quartiere, potresti fare buoni affari perché non c'è nessun locale per giovani.

14. Se Franca (**accettare**) _____ di trasferirsi all'estero, avrebbe più possibilità di trovare lavoro.

15. Se (**volere**) _____ portare qualcosa, potete portare del vino o del gelato

Non tutti i mali vengono per nuocere!

1 Coniuga i verbi tra parentesi al tempo e modo giusto.

Se non (avere) _____ un amico a Parigi, non avrei mai lasciato la mia città.

Tutto cominciò da una pubblicità televisiva.

Un famoso attore invitava a bere un caffé preparato con una macchina in cui bastava inserire una cialda.

Prima di quella pubblicità tutti facevano il caffé con la "macchinetta", ovvero con la caffettiera espresso, sulla cui base metallica era stampato un omino baffuto a garanzia della marca originale.

Se non (esserci) _____ quella pubblicità, la fabbrica della caffettiera espresso originale, dove io lavoravo, non avrebbe chiuso.

Ma, dopo il martellamento pubblicitario, molti comprarono la nuova macchina a cialde e le vendite della vecchia caffettiera colarono a picco.

Così un giorno i direttori della fabbrica ci dissero che la ditta, dopo ottant'anni di successo commerciale in tutto il mondo, non andava più così bene e che per continuare a produrre a costi contenuti avrebbero dovuto trasferire la produzione in un paese dell'Europa dell'est.

Se (volere) _____ trasferirci, avremmo potuto mantenere il nostro posto di lavoro.

A quel tempo ero libero, non avevo una famiglia e se le condizioni di lavoro (essere) _____ _____ soddisfacenti, avrei senz'altro accettato o almeno considerato possibile un trasferimento.

Per fortuna non avevo un mutuo da pagare, altrimenti non avrei potuto rifiutare l'offerta.

Considerai che lo stipendio era davvero troppo basso e decisi di non trasferirmi.

Così rimasi disoccupato, ma con la liquidazione mi potevo permettere un certo periodo di tranquillità.

Dentro di me pensavo: "non tutti i mali vengono per nuocere!".

Da molti anni sognavo di poter andare in Francia ad imparare il francese e se (avere) _____ _____ la possibilità, lo avrei già fatto da molto tempo.

Proprio in quei giorni era il mio compleanno e ricevetti una telefonata di auguri da parte di Renato, un mio vecchio compagno di scuola che si era trasferito in Francia, dove aveva aperto un ristorante.

Se non (trovarsi) _____ senza lavoro, non avrei potuto accettare il suo invito: "perché non mi vieni a trovare, ti ospito io e mi potrai dare una mano al ristorante!" mi disse.

Così accettai l'invito. Oggi mi trovo a Parigi dove gestisco un piccolo caffè vicino al ristorante di Renato.

Non ci facciamo concorrenza, anzi ci scambiamo i clienti. Nel mio bar ho appeso una foto storica della vecchia macchinetta espresso. E in un angolo del locale espongo caffettiere d'epoca.

E dentro di me ringrazio ancora l'attore di quella pubblicità delle cialde che mi aveva fatto perdere il posto di lavoro.

Se non (essere) _____ per lui, ora non mi troverei qui, a Parigi!

Il congiuntivo in frase dipendente

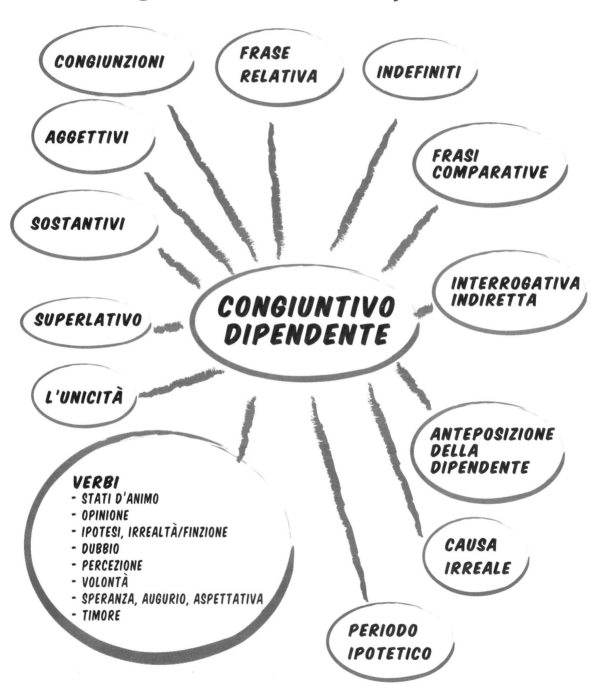

1 Inserisci nel testo i verbi al congiuntivo opportunamente coniugati.

È SEMPRE LA CASA
LA CASSAFORTE DEGLI ITALIANI

Se il risparmio delle famiglie italiane (potere) _____ avere una forma, avrebbe sicuramente l'aspetto accogliente e rassicurante di una casetta; perché quando una famiglia italiana decide di risparmiare, quasi sempre riempie i salvadanai per comprare una casa.

È normale che i risparmi (trasformarsi) _____ in mattoni: tutti hanno bisogno di un'abitazione. Le case però costano molto – di solito l'acquisto di un alloggio è una delle spese più importanti della vita di una persona – e per acquistarle servono risparmi importanti.

Anzi spesso i soli risparmi non bastano: normalmente per comprare una casa una famiglia ha bisogno che una banca le (concedere) _____ il mutuo, soldi in prestito da restituire con l'aggiunta di interessi un po' alla volta per diversi anni.

Sebbene il mutuo (essere) _____ un debito particolarmente pesante da rimborsare, gli italiani da sempre considerano l'acquisto di una casa una delle soluzioni migliori per investire i propri risparmi, anche perché i prezzi delle case di solito salgono, anno dopo anno.

Popotus - giornale di attualità per bambini (L'Avvenire), 30/010/2012

2 Leggi l'articolo ed evidenzia i verbi
al congiuntivo.
Poi trascrivi le frasi che li contengono
nella griglia sotto, riflettendo sugli elementi
che ne motivano l'uso:

Congiunzione temporale
Verbo di opinione nella principale
Congiunzione finale
Frase dipendente relativa con valore consecutivo
Verbo che esprime speranza, desiderio

Inserisci le strutture che reggono il congiuntivo,
presenti nell'articolo che hai già letto.

1. Questo progetto è stato ideato _____
   io arrivassi.

2. _____ che questo progetto venga
   realizzato il prima possibile.

3. Non _____ che questo progetto
   sia così all'avanguardia.

4. Stiamo ideando un progetto _____
   risponda pienamente alle vostre esigenze.

5. Lavoriamo con il massimo impegno _____
   questo progetto sia terminato per la data prevista.

Il Palatino rifiorisce

l'intervista
Radici antiche

È il cuore della capitale
e il simbolo della civiltà più
antico. Anche per questo
la sopraintendente per i Beni
Archeologici di Roma, Mariarosaria
Barbera, si entusiasma nel
raccontare della mostra "Orti
e giardini. Il cuore di Roma antica".
«Trovo sia stato molto bello
restituire a Roma un Palatino che
sia nuovamente un tessuto vivo»,
spiega la sopraintendente,
«l'allestimento è stato eseguito
con cura da colleghi esperti
che da anni studiavano questo
luogo significativo». Per la
sopraintendente la mostra è anche
un modo per restituire a tutti un
patrimonio che è, appunto, di tutti.
«Spero che questa sia l'occasione
per avvicinare i cittadini al Palatino,
è un modo per far parlare un
monumento affinché non sia solo
un elemento di arredo», aggiunge
la Barbera, «il nostro compito è dire
dei no ma anche dei sì, soprattutto
se riusciamo così a dimostrare un
aspetto diverso e ricco della città».
La Barbera, che da pochi mesi
siede nella poltrona di
sopraintendente, conclude così:
«Questa mostra è stata ideata
prima che io arrivassi ma sarei stata
sicuramente felice di pensarla io»
(i.m.s.).

Repubblica, 05/05/2012

3 Inserisci in questa lettera al giornale i seguenti verbi al congiuntivo al tempo appropriato:

> rispondere • parlare
> nascere • sapere
> essere • amare
> capire • volere

Esiste davvero l'amore?
Se sì, ditemi dove posso trovarlo

Ho ventidue anni. Tutti dicono che non sono niente male. Ma le scrivo per avere un aiuto: perché è tanto difficile essere amati? E cos'è l'amore? Mi sembra che oggi se ne _____ troppo spesso, ma non si _____ nemmeno cosa _____ dire. Troverò mai qualcuno che mi _____ davvero? Che mi _____? Ho sempre incontrato ragazzi che non hanno la più pallida idea di cosa _____ la fedeltà e il rispetto reciproco. Tante volte penso che se _____ trenta o quarant'anni fa non mi porrei queste domande. Mi _____, per favore, grazie.

Gioia

Donna Moderna

Leggi attentamente il testo di risposta alla lettera e completa la griglia. Individua i vari usi del congiuntivo e trascrivi le frasi che lo contengono negli spazi indicati nella pagina seguente a seconda del loro valore.

Cara amica, la sua domanda su cosa sia l'amore mi fa venire i brividi. Quante ne sono state dette e scritte su questo incredibile, bizzarro, misterioso sentimento che, a volte, ci fa fare le cose più strane, che ci può riempire di felicità o mandarci nel pozzo dell'inferno. È vero che dire troppo spesso «Ti amo» corrisponde a non dire un bel nulla. Infatti il vero amore è assai raro e nel corso di una vita ci si può considerare fortunati se capita un paio di volte. Possono succedere altre cose: appassionarsi, voler bene a qualcuno, sentirsi attratti o legati da forte amicizia. Sono tutti bellissimi sentimenti, ma non hanno a che fare con ciò che intendiamo per amore. Un sentimento che ci rende esclusivi verso un altro essere umano, che ci sembra unico, irripetibile. Ovvio che una sensazione così complessa richiede molta cura perché duri nel tempo. E fra queste cure ci

sono, appunto, ciò che lei desidererebbe tanto, il rispetto e la fedeltà. Che poi vogliono dire la capacità di capire chi si ha vicino, di volere il suo bene prima di soddisfare i propri desideri. La fedeltà nasce quasi automaticamente dal rispetto. Un vecchio proverbio dice che "la fedeltà nasce dalla fedeltà". Credo che non sia un gioco di parole. Solo coltivando l'esclusività dell'amore è possibile veder crescere il proprio sentimento.
A questo punto, capirà perché sia tanto difficile trovare qualcuno (uomo o donna che sia) che possieda veramente il talento di amare. Lei è molto giovane, ha tanto tempo davanti. Se saprà guardarsi intorno con pazienza, troverà una persona che sente come lei, che ha gli stessi desideri di amore vero. Non generalizzi fin d'ora. Per quello che so, ci sono tanti maschi che, pure loro, sono delusi e vorrebbe-

ro trovare ragazze serie. Come mi sembra sia lei. Vede? Tutto sta nel sapersi aspettare.
Quanto a credere che una trentina d'anni fa non si sarebbe poste le domande che si fa ora, sono perplessa. I sentimenti sono sempre uguali, ieri come oggi. Ciò che è cambiato, e molto, è la modalità esterna degli approcci fra i sessi. Può sembrare che un tempo gli uomini si accostassero a una donna soltanto con intenzioni serie: non è vero. Diciamo che oggi è talmente aumentata l'offerta femminile che i maschi sono in genere confusi, non sanno come possono o devono comportarsi. E sovente, com'è ovvio, sbagliano. Abbia fiducia: se saprà aspettare con allegria e sicurezza, troverà la persona giusta. Mi riscriva.

Donna Moderna

1. **congiuntivo con verbo d'opinione** (1 caso)

2. **congiuntivo indipendente con valore esortativo (imperativo formale)** (3 casi)

3. **congiuntivo in frase relativa** (1 caso)

4. **congiuntivo retto da una congiunzione finale** (1 caso)

5. **congiuntivo retto da verbo di percezione alla forma impersonale** (2 casi)

6. **congiuntivo retto da un sostantivo con valore di interrogativa indiretta** (1 caso)

7. **congiuntivo in frase disgiuntiva** (1 caso)

8. **congiuntivo in frase interrogativa indiretta**

4 Congiuntivo o indicativo?

1. Tutti **sanno** / **sappiano** che Giovanni è pigro.
2. Che Giovanni **è** / **sia** pigro, lo sanno tutti.
3. Il testimone affermava che, quando è entrato in banca, i rapinatori **fossero** / **erano** già usciti.
4. La polizia sospettava che i rapinatori **avessero** / **avevano** un complice all'interno della banca.
5. Jan dice che Roma **sia** / **è** una città bellissima, anzi meravigliosa.
6. Si dice che Berlino **sia** / **è** una città molto giovanile.
7. Stiamo facendo il massimo perché tutto **sia** / **è** pronto per l'arrivo degli ospiti.
8. Dobbiamo sbrigarci a mettere a posto la casa perché gli ospiti **stanno** / **stiano** per arrivare.
9. Dicono che i prezzi delle case **siano** / **sono** leggermente diminuiti.
10. Se penso che i ragazzi **sono usciti** / **siano usciti** con questo temporale, mi preoccupo davvero per loro!
11. Penso che non **sia** / **è** opportuno uscire con questo temporale. Aspettiamo che **smette** / **smetta** di piovere.
12. Anche se non **hai** / **abbia** tanta voglia di vederlo, cerca di non essere troppo dura con Stefano stasera!
13. Sebbene ce l'**abbia** / **ha** messa tutta, non è riuscito a superare la selezione per entrare all'università.
14. Cerco un vino che si **abbini** / **abbina** bene con l'arrosto e che **non sia** / **non è** troppo caro.
15. Il Barolo è un vino piemontese che si **abbina** / **abbini** bene con gli arrosti.

5 Completa il testo con i verbi al congiuntivo presente, passato, imperfetto e trapassato.

Una mattinata insolita

Sono le sette e la sveglia suona. Giovanni apre faticosamente gli occhi, si tira su a fatica e ancora tutto assonnato si dirige verso la cucina. Stranamente non c'è nessuno, sul tavolo neanche una tazza di latte, né biscotti e tovagliette decorate, niente odore di caffè, niente di niente…

"Può darsi che la mamma (essere) _____ ancora a letto, che non (svegliarsi) _____ come al solito alle 6 e un quarto, o che (spegnere) _____ la sveglia e (rimettersi) _____ a dormire" – pensa il ragazzo.

"Ma sì, non c'è altra spiegazione, non può essere accaduto nient'altro".

Ancora confuso e traballante per il sonno e per la strana novità, raggiunge la stanza di sua madre e bussa alla porta. Per tutta risposta uno strano silenzio.

"Possibile che (stare) _____ dormendo così profondamente? – si chiede Giovanni, mentre batte ancora più forte le nocche sulla porta, quasi facendosi male.

"Tutto questo non è normale!" – pensa Giovanni.

Non è normale che la colazione non (essere) _____ pronta, che la radio di sua madre non (diffondere) _____ fastidiose musichette per tutta la casa, che (regnare) _____ quel preoccupante silenzio, che non (sentirsi) _____ i suoi passi indaffarati tra il bagno e la cucina.

Assorto in questi pensieri Giovanni apre la porta della stanza, sperando che sua madre (essere) _____ li e (dormire) _____ profondamente. Ma non è così: la stanza è vuota, il letto disfatto, il pigiama buttato a caso su una sedia. Sembra proprio che lei (scappare) _____ in tutta fretta… Ma per andare dove? E a quell'ora del mattino, poi…

Ora il ragazzo è inquieto, si domanda cosa (succedere) _____, dove (potere) _____ essere finita sua madre, teme davvero che le (accadere) _____ qualcosa. Vorrebbe che per incanto quell'enigma (risolversi) _____ e tutto (tornare) _____ come sempre, che lei (essere) _____ lì con la sua vestaglia un po' sciatta, con la sua aria trascurata, con le sue domande a raffica sulla scuola, con la sua perenne inquietudine per il maledetto esame di maturità, con quel suo continuo dirgli "Giovanni, bisogna che tu (studiare) _____, che tu (smetterla) _____ di andartene in giro a perdere tempo con i tuoi amici!"

Giovani non avrebbe mai immaginato che si (potere) _____ sentire la mancanza di tutte quelle cose fastidiose. È come se all'improvviso gli (mancare) _____ tutto quello che aveva sempre rimproverato alla madre.

▶▶▶

Intanto il tempo passa e sono già le otto meno un quarto. "È tardi, bisogna che io (uscire) _____ e che (cercare) _____ di arrivare in orario a scuola, sennò chi lo sente il professore di fisica! Quello è fissato con la puntualità" – pensa Giovanni.

Proprio in quel momento, sente un rumore di chiave nella toppa, dei passi nel corridoio ed eccola lì in tuta da ginnastica e scarpe da tennis, ancora un po' accaldata per lo sforzo della corsa, ma tranquilla e serena come se nulla (accadere) _____.

"Ma dov'eri? Mi hai fatto prendere un bello spavento!"
"Uno spavento? E perché mai?"
"E me lo chiedi pure? Ma sei impazzita? Pensavo che ti (succedere) _____ qualcosa, stavo qua come uno stupido a domandarmi dove (finire) _____!"
"Eh, quante storie! Non eri tu che pensavi che io (dovere) _____ cambiare vita, che (dovere) _____ smetterla di starti dietro e di scocciarti con le mie preoccupazioni? Ecco qua: ho cominciato proprio stamattina e me ne sono andata a fare jogging al parco con un'amica! A proposito, hai preparato il caffè?"

Congiuntivo qua e là

6 Ecco una serie di citazioni tratte da varie fonti: stampa, letteratura, Costituzione italiana, Internet.

Completa i brevi testi con i verbi coniugati al congiuntivo scegliendo i tempi appropriati.

a Kim è studente (...) il medico dei cervelli sarà: uno psichiatra: non è simpatico agli uomini perché li guarda sempre negli occhi come (volere) _____ scoprire la nascita dei loro pensieri.

Italo Calvino, *Il sentiero dei nidi di ragno*, Einaudi

b

LA CANZONE NON È POESIA E IO, POETESSA, POSSO METTERMI A CANTARE.

"Inseguo una canzone che (fare) _____ piangere. Vorrei scrivere una meraviglia che (rimanere) _____ per sempre. Una rendita artistica. D'una bellezza inavvertita".

Intervista alla poetessa Patrizia Cavalli da *Il Venerdì di Repubblica*, 23/11/2012

In Svezia, oltre il Circolo Polare Artico, Abisko è il paradiso degli scienziati. (…) Per studiare i cambiamenti climatici arrivano ogni anno 600 ricercatori e 300 studenti. Perché qualunque cosa (succedere) _____ al pianeta, qui si vede prima.

D, Repubblica, 03/11/2012

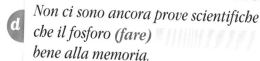 *Non ci sono ancora prove scientifiche che il fosforo (fare) _____ bene alla memoria.*

D, Repubblica, 17/11/2012

e **Gli integratori a base di pappa reale e polline d'api danno energia?**
No, nonostante (considerare) _____ comunemente dei supporti energetici in realtà non danno energia in senso stretto (…)

D, Repubblica, 17/11/2012

f ## COSTITUZIONE ITALIANA
art. 4: La Repubblica riconosce a tutti i cittadini il diritto al lavoro e promuove le condizioni che **(rendere)** _____ effettivo questo diritto.
(…)

g **art. 19:** Tutti hanno diritto di professare liberamente la propria fede religiosa in qualsiasi forma, individuale o associata, di farne propaganda e di esercitarne in privato o in pubblico il culto, purché non **(trattarsi)** _____ di riti contrari al buon costume.

 **h** La riflessione sulla dignità nasce pensando all'uomo in condizioni estreme. Primo Levi narra di quando, prima di arrivare ad Auschwitz, sentì chiamare se stesso e gli altri ebrei Stucke, pezzi: il nazismo li riduceva a oggetti indistinti perché tutti li (vedere) _____ così. Non a caso è la Costituzione tedesca oggi a mettere la dignità a suo fondamento.

Intervista a Moni Ovadia, *Il Venerdì di Repubblica,* 02/11/2012

i A ogni cane serve un posto speciale, un luogo della casa che (funzionare) _____ da ansiolitico, dove ritrovare serenità ed essere a proprio agio.

Rubrica Animali, *Il Venerdì di Repubblica,* 23/11/2012

l

LARGO ALL'IBISCO CAMALEONTE: BIANCO AL MATTINO E ROSSO DI SERA

L a sua fioritura dovrebbe essere finita da qualche settimana, ma non è che **(vedersene)** _____ tanta in giro per l'Italia. Eppure si tratta di una delle piante più facili da coltivare.

Rubrica Natura, *Il Venerdì di Repubblica*, 23/11/2012

m

PRIMA CHE (ARRIVARE) _____ GLI OSPITI

Cosa succede poco prima che **(aprirsi)** _____ le porte dei più noti ristoranti del mondo? Ecco spiegato un backstage culinario esclusivo (e finora segreto) nel libro *Come in, we are closed* (Entrate prego, siamo chiusi). 25 chef stellati rivelano la ricetta perfetta per il pranzo o la cena di dipendenti, aiuto cuochi e camerieri.

D. Repubblica, 03/11/2012

n

D: Fabrizio, guardando al tuo passato, come ti consideri, più cantautore o più poeta? E quali sono le differenze che esistono tra canzone d'autore e poesia, se esistono?
R: Per quanto riguarda l'ipotesi di differenza tra canzoni e poesia, io non ho mai pensato che **(esistere)** _____ arti maggiori e arti minori, casomai artisti maggiori e artisti minori.

Videointervista a Fabrizio De' André

o

… Il cuoco Antonio per la trippa alla romana consiglia di utilizzare il manzo, e si raccomanda che **(essere)** _____ scura.

Il Venerdì di Repubblica, 02/11/2012

p

I cronisti, quale che **(essere)** _____ il mezzo di comunicazione, si dividono infatti in due categorie: quelli la cui priorità è raccontare quel che è successo; e quelli la cui priorità è dimostrare quanto sono, essi stessi, brillanti, intelligenti e colti.

Rubrica "Vizi e virtù" di Piero Ottone, *Il Venerdì di Repubblica*, 23/11/2012

q

Sono d'accordo con quella scuola di pensiero, cui oggi appartengono molti "nasi", che crede che il profumo **(dovere)** _____ fondersi con la pelle e non essere evidente come un gioiello.
[…]
Mi sto battendo affinché le cose **(cambiare)** _____. Trovo che l'unico modo per suscitare l'interesse in un acquirente di profumi **(essere)** _____ quello di spiegargli come e da chi vengono fatti.

Da "Il profumo è arte e io lo porto al museo". Intervista a Chandler Burr, *Il Venerdì di Repubblica*, 02/11/2012

IO E TE...
COME SE...

Niccolò Ammaniti

Vi presentiamo ora alcuni passi dal romanzo *"Io e te"* di Niccolò Ammaniti, da cui è stato tratto l'omonimo film di Bernardo Bertolucci. L'autore usa molto spesso la struttura "**come se**" per introdurre similitudini.

7 Leggete questo brano e notate gli usi del congiuntivo, introdotti da "come se". Notate anche che talvolta il "se" può essere omesso.

Quali tempi vengono usati?

Osservate le frasi principali che reggono le dipendenti al congiuntivo. Quali tempi verbali contengono? Come si motivano gli usi del congiuntivo imperfetto e trapassato nelle dipendenti?

- Forse ci dovremmo spostare, – ha suggerito mia madre a quello. – Il traffico, sa... Ma quello non sentiva, continuava a fissare il suo specchietto come se con la forza della mente avesse potuto riunirlo all'auto.

Il laziale ha sollevato lo specchietto come fosse un pettirosso con un'ala spezzata. - Forse per te non è grave. Per me sì. L'ho appena ritirato dal carrozziere. Sai quanto costa questo specchietto?

Niccolò Ammaniti, Io e te, Einaudi

Ho provato a slacciare la cintura ma le mani mi formicolavano come se fossero addormentate.

Perché? Che ho fatto? – ha detto mia madre come se l'avessero colpita al petto, ha barcollato ed è riuscita a poggiarsi una mano sullo sterno.

Tra i tredici e i quattordici anni ero cresciuto di botto, come se mi avessero dato il concime, ed ero diventato più alto dei miei coetanei.

- Buongiorno, – ho sbadigliato, come se mi fossi appena svegliato.

> NB.: Da notare che "come se" richiede sempre il congiuntivo imperfetto e trapassato anche quando la frase principale è al presente.
>
> Esempi: "Ha sempre lo sguardo assente, come se pensasse ad altro"
> "Quell'uomo barcolla, come se fosse ubriaco"
> "Guarda questa maglia! È ancora sporca, come se non l'avessi lavata."

8 Ecco alcuni stralci tratti dallo stesso romanzo.

Completa i testi inserendo i verbi dati al congiuntivo al tempo opportuno.

Attenzione! I verbi non sono nell'ordine giusto.

A scuola

avere • volere • suonare
essere • avere • dire
stare • fare

Perché dovevo andare a scuola?
Perché il mondo funzionava così?
[...]
– Io non sono come loro. Io ho il sé grandioso, – ho sussurrato, mentre tre bestioni che si tenevano a braccetto mi spingevano via come _____ un birillo:
– Sparisci , microbo.

Durante la ricreazione di solito vagavo per i corridoi affollati di studenti come se _____ qualcosa da fare, così nessuno s'insospettiva. Poi poco prima che _____ la campanella mi rimettevo al mio banco e mi mangiavo la pizza bianca col prosciutto, la stessa che compravano tutti dal bidello.
[...]
Erano tutti eccitati. Il Sumero faceva finta di sciare. Si piegava come se _____ lo slalom. Dobosz gli è saltato addosso sulla schiena e fingeva di strozzarlo. Non poteva sapere cosa _____ dicendo Alessia a Oscar Tommasi. Ma gli occhi le brillavano mentre guardava il Sumero e Dobosz. Mi sono avvicinato a pochi metri dal capannello e alla fine è stato facile capire. Alessia li aveva invitati a Cortina per la settimana bianca.
Quei quattro erano diversi dagli altri. Si facevano gli affari loro e si capiva che erano amici per la pelle. Sembrava che _____ intorno una bolla invisibile nella quale nessuno poteva entrare a meno che non lo _____ loro.
[...]
Quando sono tornato a casa, mia madre stava insegnando a Nihal la ricetta dell'ossobuco. Mi sono seduto, ho aperto e chiuso il cassetto delle posate e ho detto: - Alessia Roncato mi ha invitato a sciare a Cortina.
Mia madre mi ha guardato come se le _____ che mi era spuntata la coda.

Niccolò Ammaniti, *Io e te*, Einaudi

NURAGHE BEACH
Flavio Soriga

Invito al viaggio
di Flavio Soriga

Ci sono molti bei posti dove potete andare in vacanza, ma se visiterete queste terre, farete un viaggio. Ricordatevelo, prima di partire: siete in Italia, ma non solo: siete in un'isola lontana da tutto, siete in un luogo diverso, in qualche modo diverso, anche se nessuno potrà spiegarvi realmente come, dovrete farvene un'idea tutta vostra, la porterete con voi molto a lungo: la vostra idea di Sardegna.

Qui vedrete il vento, lo vedrete davvero, negli alberi piegati dalla furia del maestrale, nelle facce serie e rugose dei pastori e delle vedove che incontrerete, perché non sono solo nei romanzi, tutto quello che è stato raccontato esiste, o è esistito, e se non esiste più ha lasciato fantasmi nelle vie dei nostri paesi, spiriti erranti che incroceranno i vostri passi tra le case di pietra lavica e i cortili spagnoleschi, le palme e i fichi d'india, i mandorli e gli ulivi.

Flavio Soriga, *Nuraghe Beach*, Laterza

Il brano che avete appena letto è tratto da *"Nuraghe Beach"*, un libro di Flavio Soriga, scrittore sardo. È una guida un po' speciale della Sardegna. Un invito al viaggio in tono letterario. Ve ne proponiamo alcune parti che contengono vari usi del congiuntivo.

9 Leggi i piccoli brani sotto ed evidenzia i verbi al congiuntivo. Individua le strutture che reggono i verbi al congiuntivo delle frasi dipendenti e motivane l'uso.

1. ... va bene cominciare dall'inizio, da Cagliari, da questa città che è la porta della Sardegna anche se gli italiani credono che sia Olbia, l'aeroporto Costa Smeralda, e invece quella è un'altra porta, di un altro luogo...

   verbo di opinione

2. Quindi: parcheggio non ce n'è mai in centro. Questo scrivilo che è utile, non si sa mai che vogliano uscire il venerdì sera in centro in macchina, i lettori della tua guida, ...

3. Comunque, ristoranti eleganti, trattorie caddozze, kebbabbari economici, pizzette al taglio: c'è tutto, a Cagliari, non manca niente. Questo scrivilo, nel caso qualcuno creda che a Cagliari passiamo i pomeriggi a sgozzare capretti e agnelli per le nostre cene sarde.

Flavio Soriga, *Nuraghe Beach*, Laterza

4. Quel tipo, cioè il nostro autore, quando va in giro a fare le presentazioni, vuole che qualcuno lo accompagni, sempre.

5. Perché se uno arriva al Poetto a maggio, o a ottobre, e vede come può essere la vita in questa città quando c'è il sole, e non si può dire che il sole ci sia di rado a Cagliari [...] magari corre il rischio di non volerci tornare nella sua città.

6. Vorrebbe avere un ricordo del primo incontro prima di quella volta, vorrebbe che facesse parte del racconto della loro storia, ma non ce l'ha, non può. Il suo sospetto è che la ragazza, il pomeriggio in cui Nicola ha parlato in quella facoltà, fosse con il fidanzato,...

7. "Ricordate e scrivete", dice sempre Nicola [...] "Se potete, ricordando inventate. [...] Illudetevi di ricordare tutto, vedrete che succederà, perché la memoria è molto più debole di quel che crediamo, ma la fantasia si unisce ad essa senza dichiararlo, gli angoli oscuri si chiariscono con l'invenzione, e spesso ci sembra che tutto realmente sia accaduto o sia stato detto o pensato o visto, e non è vero ma in fondo cambia così poco".

8. Ha parlato lei, davanti a quella vetrina, ha raccontato di quel pomeriggio, gli ha chiesto cosa stesse facendo in quella strada,...

9. Qualunque cosa lei dica, Nicola la ascolterà,...

10. Se lo ricorda, ogni momento di quella notte, anche la sera, l'ansia che aveva prima di uscire, la doccia calda che ha fatto, lunghissima, l'ansia che lei fosse fidanzata, che potessero non avere nulla da dire, che quell'incontro a Roma fosse stato bugiardo.

Flavio Soriga, *Nuraghe Beach*, Laterza

10 Ora, invece, completa i piccoli brani tratti da "Nuraghe Beach" con i verbi al **congiuntivo** al tempo appropriato.

1. ...Piano ha attraversato la città, quella città che un tempo è stata sua, e ora non lo è più affatto anche se non c'è strada che non (**conoscere**) _____...

2. Mentre uscivano hanno incontrato quel tipo, uno alto e con le basette folte, uno che lui conosceva di vista, e che ha salutato la ragazza con trasporto, e lui ha cercato di ricordarsi chi (**essere**) _____ e perché lo (**conoscere**) _____, ma non c'è riuscito.

3. Era un tempo perfetto, e Piazza Yenne era bellissima, e il Re Carlo Felice, la sua statua sembrava (**stare**) _____ sorridendo, ...

4. Mi ha detto che erano settimane che tutti le dicevano che sarebbero andati in vacanza in Sardegna, quell'estate. E allora lei si era fatta questa idea, che la Sardegna ad agosto **(essere)** _____ un posto pienissimo, ...

5. E allora chi non c'è mai stato, a Mari Ermi o a Pan di Zucchero o a Chia, d'estate è convinto che la Sardegna **(potere)** _____ sprofondare per quanta gente c'è.

6. Per quanto bello **(potere)** _____essere un hotel, solo i perdenti possono aver voglia di scendere in sala colazione. Gli sfigati. Gli impiegati. Gli agenti di commercio.

7. (Il bar di Abbasanta) ...che pure per lungo tempo è stato considerato da chiunque **(passare)** _____ in Sardegna e **(dovere)** _____ attraversarla come una tappa obbligata del viaggio.

8. ...e già il fatto che qualcuno **(possedere)** _____ degli sci gli sembra una cosa pazzesca, ...

9. "E poi", pensa Nicola, "dovrei parlare di questo tennis club. Non perché **(essere)** _____ speciale, o pittoreschi i suoi soci o particolari le regole che lo reggono, ma anzi il contrario: per la loro normalità".

10. ...era una spiaggia che lui non si ricordava bene, se **(essere)** _____ davvero bella, perché non ci andava più da lunghissimo tempo.

11 Inserisci adeguatamente le espressioni che reggono il congiuntivo nei brevi testi sotto:

> augurandosi • come se • l'importante è che • sembra • mi viene da pensare
> non si sa mai • l'unico che • per il caso che • come se • non sapevo nemmeno dove

1. Dovevo tremila euro a un amico e _____ **volessi** vivere. A Londra c'era troppo freddo, a Cagliari non volevo tornare.

2. _____ che stare seduto a un tavolino del Lola Mundo **voglia** dire, **possa** voler dire, essere al centro del mondo.

3. ...la madre del suo compagno, una donna alta e bellissima si affaccia nella camera di suo figlio e gli dice: "Per pranzo non c'è niente". Suo figlio fa di sì con la testa _____ **fosse** normale. _____ **avesse** detto "per pranzo ti lascio pronte le lasagne, accendi il forno e riscaldale".

4. ...e la notte che certe volte non passa mai, la notte, ed è noiosa, ma altre volte, la notte, _____ che **esista** soltanto per vivere più forte.

5. Le case non finite, il piano alto lasciato così, iniziato e mai portato avanti, per quando si sposerà il figlio che nel frattempo è partito e non torna, ma _____ che **torni**,...

6. ...si sta ognuno a casa propria a guardare la TV nel cucinino, in un angolo umido e quotidiano che è _____ **valga** la pena sporcare e disordinare con la presenza di ogni giorno, e invece i saloni e i soggiorni restano intonsi e lindi _____ **venga** un ospite, che si **ricevano** visite inattese che però non accadono, ma _____ lo spazio **ci sia**... (...) il visitatore starà sulla punta del divano nuovo, impacciato, e _____ di cuore che **sia** breve la chiacchierata e **si possa** presto tornare a casa propria, in quel cucinino dove accendere la TV e stare comodi, non come in questo salone freddo e immenso.

CONGIUNTIVO PER RIDERE

A dimostrazione che l'uso del congiuntivo è diffuso nei più svariati ambiti della lingua italiana, ecco una pagina con alcune barzellette tratte da "La Settimana Enigmistica".

12 Completale con i verbi indicati a fianco:

> fossi • possa
> avesse educato • stia
> possa • sia

1. Eccolo, è lui! Quanto pensa che _____ campare ancora?

2. Non ne so molto di uccelli, ma non credo _____ un gabbiano.

3. Immagino che tu gli _____ insegnando il meccanismo della pubblicità!

4. Credi che il gelato _____ essere considerato cibo dietetico, se allontana il mio desiderio di pizza?

5. Mamma e papà sono davvero delusi, Albertino: credevamo che la tata ti _____ _____ meglio!

6. Beh! Sono sorpresa! Ho sempre creduto che tu _____ alto uno e 84.

La Settimana Enigmistica, n° 4257, 26/10/2013), n° 4258 02/11/2013

RISATE A DENTI STRETTI

Completa il testo della barzelletta con i seguenti verbi:

> sappia • aiuti
> menta • abbia
> sappia • faccia

Una rivista femminile pubblica cinque consigli di saggezza per le giovani donne:

1. Trova un uomo che ti _____ volentieri in casa e che _____ un buon impiego.

2. Trova un uomo spiritoso che ti _____ ridere.

3. Trova un uomo affidabile che non ti _____ mai.

4. Trova un uomo che _____ amarti.

5. Fa' in modo che nessuno di questi quattro uomini _____ dell'esistenza degli altri.

La Settimana Enigmistica, n° 4258, 02/11/2013

Hugo Pratt, *Corto Maltese, Favola di Venezia*, Lizard edizioni

L'italiano, (non solo) per stranieri

Albano, Barreiro e Bossa
Danielina e il mistero dei pantaloni smarriti
corso di italiano a fumetti per bambini
• libro + cd audio

Ambroso e Di Giovanni
L'ABC dei piccoli

Ambroso e Stefancich
Parole
10 percorsi nel lessico italiano - esercizi guidati

Anelli
Tante idee…
per (far) apprendere l'italiano
livello principiante / pre-intermedio

Barreca, Cogliandro e Murgia
Palestra italiana
esercizi di grammatica
livello elementare/pre-intermedio

Battaglia
Grammatica italiana per stranieri

Bonacci e Damiani
Animali a Roma
un vocabolario fotografico
tra arte, lingua, cultura e curiosità italiane

Chiappini e De Filippo
Congiuntivo, che passione!
teoria e pratica per capire e usare
il congiuntivo in italiano

Chiappini e De Filippo
Un giorno in Italia 1
corso di italiano per stranieri
principianti · elementare · intermedio
• libro dello studente con esercizi + cd audio
• libro dello studente con esercizi (senza cd audio)
• guida per l'insegnante + test di verifica
• glossario in 4 lingue + chiavi

Chiappini e De Filippo
Un giorno in Italia 2
corso di italiano per stranieri
intermedio · avanzato
• libro dello studente con esercizi + cd audio
• libro dello studente con esercizi (senza cd audio)
• guida per l'insegnante + test di verifica + chiavi

Diadori e Semplici
Pro e contro junior
materiali per lo sviluppo della capacità
di argomentazione orale per adolescenti

Gruppo CSC
Buon appetito!
tra lingua italiana e cucina regionale

Gruppo CSC
Gramm.it
grammatica italiana per stranieri
con esercizi e testi autentici

Gruppo CSC
Gramm.it for English-speakers
Italian Grammar
complete with exercises and authentic materials

Gruppo CSC
Permesso?
corso base di italiano con esercitazioni pratiche per
il test di lingua italiana per il permesso di soggiorno
libro + cd audio

Gruppo META
Uno
corso comunicativo di italiano - primo livello
• libro dello studente
• libro degli esercizi e grammatica
• guida per l'insegnante
• 2 cd audio / libro studente
• 1 cd audio / libro esercizi

Gruppo META
Due
corso comunicativo di italiano - secondo livello
• libro dello studente
• libro degli esercizi e grammatica
• guida per l'insegnante
• 3 cd audio / libro studente
• 1 cd audio / libro esercizi

Maffei e Spagnesi
Ascoltami!
22 situazioni comunicative
• manuale di lavoro
• 2 cd audio

Pallotti e Cavadi
Che storia!
la storia italiana raccontata in modo semplice e chiaro

Pontesilli
Verbi italiani
modelli di coniugazione

Radicchi
In Italia
modi di dire ed espressioni idiomatiche

Linguaggi settoriali

Cherubini
Convergenze: iperlibro di italiano per affari
consapevolezze, conoscenze e strumenti per la comunicazione negli affari e nel lavoro
• libro + DVD-rom

Costantino e Rivieccio
Obiettivo professione
corso di italiano per scopi professionali
• libro + cd audio

Costantino e Rivieccio
Obiettivo professione for English-speakers
corso di italiano per scopi professionali
• libro + cd audio

Veniteci a trovare sul nostro sito!

• più contenuti, più libri, più notizie
• area download: tanti materiali
  da scaricare gratuitamente
• aggiornamenti sulle novità
• notizie su fiere, convegni, eventi…

www.bonacci.it

Bonacci editore

Finito di stampare nel mese di marzo 2014 dalla Tieffe di Tanci Federico, Sansepolcro - Arezzo